MISSIONiert

Dank

Vielen Dank an meine Frau Barbara und unsere Kinder Lennart und Ann-Christin. Ihr habt eine Reihe von Korrekturen und wertvolle Anregungen zum Thema geliefert. Ebenso danke ich meinen beiden Kollegen in der Zellgemeinde Bremen, Tobias Ennulat und Andreas Petry, die ihre theologischen Anmerkungen eingebracht und damit den Reflexionsprozess zur Thematik weiter angeregt haben.

Jens Stangenberg

MISSIONiert

Reflexionen zum Auftrag
einer christlichen Gemeinschaft

Aus folgenden Bibelübersetzungen wird zitiert: Elberfelder Bibel (ELB), Luther 1984 (LUT), Gute Nachricht Bibel (GNB), Hoffnung für alle (HFA), Neue Genfer Übersetzung (NGÜ), Neues Leben. Die Bibel (NLB).

Bibliografische Information der Deutschen Nationalbibliothek:
Die Deutsche Nationalbibliothek verzeichnet diese Publikation
in der Deutschen Nationalbibliografie; detaillierte bibliografische Daten
sind im Internet über http://dnb.dnb.de abrufbar.

Copyright © 2016 Jens Stangenberg

Herstellung und Verlag:
BoD - Books on Demand, Norderstedt

Umschlaggestaltung: Jens Stangenberg

Lektorat: Barbara Stangenberg, Lennart Stangenberg
Printed in Germany

ISBN: 978-3-74815-779-3

Inhaltsverzeichnis

Mein Zugang

Der Begriff „Mission" löst bei mir sehr gemischte Gefühle aus. Das hat verschiedene Gründe. Ich bin in einem christlichen Umfeld aufgewachsen. Als Kind und auch noch als Teenager war ich sehr verschlossen. Die Vorstellung, anderen eine „gute Nachricht" weitergeben zu sollen, hat mich gleichermaßen überfordert wie bedroht. Auch noch Jahre später gab ich mir alle Mühe, aber immer begleitete mich das Empfinden, der „Missionsauftrag" gehöre eher zu den unangenehmen Seiten einer christlichen Existenz. Später im Theologiestudium und dann als junger Pastor beschäftigte ich mich ausgiebig mit verschiedenen Methoden der Verkündigung und des Gemeindeaufbaus. Mir schien, dass meine innere Abwehr gegenüber Missionstätigkeiten darin begründet lag, mit teilweise abstoßenden Formen und einem unangenehmen, aufdringlichen Auftreten in Berührung gekommen zu sein. Durch einen anderen Stil würde ich endlich Zugang zum Thema „Mission" bekommen, so hoffte ich.

Jahre später wurde mir klar, dass es nicht allein der Stil, sondern in noch stärkerem Maße die Inhalte waren, die mir Mühe machten. Wenn ich ehrlich war, fühlte ich mich häufig wie ein religiöser Vertreter, der ein nicht wirklich funktionsfähiges Produkt verkaufen sollte: Es ging um einen liebenden und gerechten Gott, eine Beziehung zu ihm, um Sünde, die uns von ihm trennt, um Jesus, der uns vergibt und erlöst, und um einen Weg der beständigen Lebensveränderung. So weit so gut. Alles nicht falsch. Aber immer betraf es nur das Heil des Einzelnen. Das Ganze hatte einen Beigeschmack von frommem Egoismus. Wichtige Fragen blieben unbeantwortet: Weshalb wurden „erlöste Einzelpersonen" nicht zwingend zu gesellschaftlichen Akteuren, die sich für eine heilere und gerechtere Welt engagierten? Warum entstanden durch diese Botschaft nicht automatisch vitale, innovative und kulturintegrierte christliche Gemeinschaften, die das Gemeinwesen zum Guten prägten? Langsam dämmerte mir, dass es mit den Inhalten zusammen hing.

Die nun folgenden Ausführungen sind eine Zwischenbilanz nach einer gut zehnjährigen theologischen Reise. Auf der Suche nach einem komplexeren Evangelium - der guten Nachricht Gottes an uns Menschen - begann für mich die Botschaft der Bibel in einer nie vorher gekannten Weise zu leuchten. Heute scheint es mir so: Sich inmitten der großen Missionsgeschichte Gottes zu befinden, ist das Beste, was einem passieren kann.

Bremen, September 2016
Jens Stangenberg

Einleitung

Für lange Zeit wurde in unserer Gesellschaft der Begriff „Mission" wie ein Unwort behandelt. Als gläubiger Mensch tat man gut daran, es im Zusammenhang mit Kirche und Christentum möglichst gar nicht zu verwenden. Man wollte nicht zu der Art von Religionsanhängern gehören, die übergriffig agieren und andere aufdringlich missionieren. Durchaus zu Recht haben Kritiker darauf hingewiesen, dass Religionen mit ihrem jeweiligen Absolutheitsanspruch zu Machtmissbrauch und Manipulation neigen. Mir ist bewusst: Wenn ich dennoch das Wort „Mission" verwenden möchte, setzte ich mich erneut dem Verdacht aus, anderen „die Wahrheit" aufdrängen zu wollen. Versuchen wir es trotzdem.

Um einen neuen Zugang zum Begriff „Mission" zu bekommen, hilft mir folgende Überlegung: Mission meint vom Wortsinn „ziehen lassen, abschicken". Wenn jemand missioniert wird, bedeutet dieses also, dass er oder sie gesandt wird. Nun kann man fragen: Wer ist der Sender und wer der Gesandte? Antwort: Zu Beginn wird Christus in die Welt gesandt. Dieser überträgt die Sendung auf seine ersten Schüler, die Apostel. Das Ergebnis: Gott sendet, und die Kirche ist die Gesandte. Letztendlich heißt das: Nicht „die Welt", sondern „die Kirche" wird missioniert. „Die Welt" ist nicht der Adressat, sondern die Begünstigte aufgrund der Missionierung der Kirche. So verstanden geht es nicht darum, „Ungläubige" zu missionieren, sondern sich selbst als Jesus-Nachfolger senden zu lassen, damit andere dadurch gesegnet und gefördert werden. Was aber ist der Inhalt der Sendung? Was ist „drin im Paket" und in welcher Haltung soll es „der Welt" überbracht werden?

Bei den weiteren Überlegungen geht es um eine inhaltliche Verortung. Alle praktischen Anwendungsfragen wie Struktur, Methodik oder kirchliche Programme werden nicht oder nur am Rande thematisiert. Sie sollen an dieser Stelle zweitrangig sein. Wir konzentrieren uns ganz auf die Frage nach dem Was: Was sind inhaltliche Ankerpunkte? Was ist sinnvoll, öffentlich vertreten zu werden? Letztendlich: Was verstehen Christinnen und Christen als ihre Botschaft? Der klassische theologische Begriff für dieses Themenfeld ist „Mission".

I. Grundlegende Weichenstellungen

Beginnen wir mit dem Versuch, uns inmitten von verschiedenen Weltverständnissen zu orientieren. Dabei geht es nicht allein um Unterschiede zu anderen Religionen, sondern auch um Klärungen innerhalb der christlichen Strömungen. Kurz gesagt: Nicht in allem, wo „christlich" drauf steht, ist auch Christliches drin. Genau diese Behauptung muss genauer ausgeführt werden.

In einem ersten Gedankengang verschaffen wir uns einen Überblick über zentrale Weichenstellungen: Wie wird der Zustand der Welt beurteilt? Wo wird eine bessere Welt vermutet und wie können wir dorthin gelangen? Wer sind die Akteure in der Dramaturgie? Je nachdem, wie wir jede dieser Fragen beantworten, kommen wir zu grundverschiedenen Ergebnissen.

1) Der Zustand der Welt

Wie wird die aktuelle Verfassung unserer Welt eingeschätzt? Ist die Welt - trotz aller Krisen - prinzipiell gut, so wie sie ist, oder gibt es eine Differenz in Hinblick auf einen möglichen besseren Zustand? Dieser kleine Unterschied hat weitreichende Konsequenzen:

(a) Wenn wir davon ausgehen, dass die Welt um uns herum, so wie wir sie vorfinden, an sich gut ist, besteht unsere Aufgabe wesentlich darin, diese Ansicht anzunehmen und uns darauf einzustellen. Krisen werden dann derart gedeutet, dass wir asynchron, also unstimmig in einer an sich guten Welt leben.

(b) Wenn wir dagegen davon überzeugt sind, dass sich die Welt um uns herum nicht in einem Idealzustand befindet, haben wir eine Differenz vor Augen. Diese Abweichung in Bezug auf einen besseren Zustand kann entweder ein passives, resigniertes oder gar zynisches Verhalten hervorbringen oder aber anspornen, sich für Veränderung zu engagieren.

(c) Möglich wäre auch, unsere Außenwelt als Illusion oder als Erscheinung zu verstehen. In diesem Fall müsste man „außen" eher in Anführungsstrichen schreiben, weil es kein wirkliches Außen ist. Bei der sichtbaren Welt hat man es dann nie mit „dem Realen" zu tun.

Mit diesen drei Varianten befinden wir uns in grundlegend unterschiedlichen religiösen Ansichten und Handlungsempfehlungen in Bezug auf unsere Welt. Im Fall (a) wird die Welt als etwas eigenständig Gutes, Ewiges und dem Menschen Vorgeordnetes verstanden, das wir verehren und in das wir uns bestmöglich einfügen sollten. Bei (b) geht man davon aus, dass die Welt einen Defekt hat, der nicht als gegeben hingenommen werden muss, sondern durch Engagement verändert werden kann. Bei (c) dagegen strebt man danach, die Welt in Gelassenheit zu ertragen und sich nicht von ihrer Begrenztheit gefangen nehmen zu lassen. Je nach Grundannahme entsteht Anbetung, Aktion oder eine Art von Vermeidung.

Nach christlichem Verständnis ist unsere Welt aktuell nicht so, wie sie ursprünglich von Gott gedacht war. Es gibt einen Schaden, eine Abweichung, einen Riss - wie auch immer man das nennen mag. Die klassisch theologische Sprache nennt es „gefallen", gewissermaßen ist die Welt vom „Tisch" gerollt, auf den Boden gefallen und hat Risse bekommen.

Gleich zu Beginn der Bibel wird die Natur als „Schöpfung" dargestellt. Sie ist demnach in sich nicht göttlich (Variante a), aber auch nicht bloß eine flüchtige Erscheinung (Variante c). Wir leben in einem realen Kosmos, der als Ganzes aus dem Gleichgewicht geraten ist (Variante b). Nach biblischer Offenbarung gelten die ersten Menschen als Ursache für diese verhängnisvolle

Entwicklung. Seitdem taumelt die Welt und alle Lebewesen sind unentrinnbar davon betroffen.

All das soll nicht zu Passivität und Apathie führen. Im Gegenteil: Die Aufgabe von uns Menschen besteht darin, sich als Betroffene von Gott zurecht bringen zu lassen und sich gegen den entstandenen Schaden und für eine bessere Welt zu engagieren. Auch wenn daraus viele Anschlussfragen entstehen, gilt es zunächst einmal festzuhalten:

Christinnen und Christen verstehen die sichtbare Welt als eine geschaffene, endliche und vom Ursprung her schöne Welt. Sie ist weder göttlich unantastbar noch eine Sinnestäuschung. Es ist wert, sie zu erforschen, von ihr zu lernen und sie zu gestalten. Als einzelner Mensch sind wir jeden Tag aktiv an diesem Prozess beteiligt.

2) Der Ort des Besseren

Wenn wir davon ausgehen, dass die bestehende Welt nicht ihrer ursprünglichen Version entspricht, schließt sich die Frage an, wo der „bessere Zustand" zu finden ist. Auch hier gibt es wieder unterschiedliche Varianten:

(a) Man könnte „das Bessere" im verloren gegangenen Paradies vermuten. Demnach würden wir aufgrund des Glaubens an die Erlösung in Christus den „Sündenfall" rückgängig machen können. Eine solche Rückwärtsorientiertheit wird gespeist von einer Sehnsucht nach der anfänglichen Harmonie der Schöpfung. Der gegenwärtige Weltzustand erscheint dann als ein „Nichtmehr" oder als ein Abfall vom Ursprünglichen. Alles Neue entfremdet uns demnach noch weiter von unseren Wurzeln.

(b) Auf der anderen Seite wäre es möglich, in der Zukunft nach „dem Besseren" Ausschau zu halten. Alle Energie konzentriert sich dann darauf, Zukunftsvisionen zu entwerfen. Ist die bessere Welt eine Art „Utopia"? Dieses Verständnis bringt uns in ein Grundgefühl des „Noch-nicht". Jeder Tag würde uns demnach einer „besseren Welt" näher bringen. Geschieht das automatisch?

(c) Möglich wäre auch, sich die „bessere Welt" als eine Art Parallelwelt vorzustellen. Dann werden Begriffe wie Diesseits und Jenseits als Ausdruck zweier verschiedener Orte verwendet, wobei das sogenannte Diesseits, das Sichtbare, nur als eine vorläufige Version eines leuchtenden Jenseits, des Unsichtbaren, verstanden würde.

(d) Des Weiteren lässt sich die Suche nach einer „besseren Welt" auch in das Innere des Menschen verlagern. Wenn alles Äußere als Erscheinung oder Vorläufigkeit zu vernachlässigen ist, könnte der Zugang zum ewig Guten im Innern liegen. Die Konzentration liegt dann auf einer „spirituellen Reise nach innen".

(e) Als Letztes sei noch erwähnt, dass im Laufe der Geschichte vielfach die „bessere Welt" auch geographisch auf der Erdoberfläche gedacht wurde. Man versteht dann eine Stadt oder einen Landstrich als Prototyp für eine „ideale Gesellschaft". In diesem Fall werden religiöse Vorstellungen zu politischen Konzepten und Aktionsplänen.

Betrachten wir die Frage nach dem „Ort" der besseren Welt aus christlicher Perspektive, scheint es um „den Himmel" zu gehen. Wo ist aber der Himmel verortet? In der Zukunft oder in einer Parallelwelt? Oder gibt es möglicherweise sogar den „Himmel auf Erden"?

Biblisch gesprochen geht es im Spezielleren um das „Reich Gottes". Dieser schillernde, missverständliche und oft missbrauchte Begriff war vielfach Kristallisationspunkt für unterschiedliche Visionen für „das Bessere". Eine christliche Gemeinschaft muss für sich reflektieren, was sie darunter versteht und wie sie sich dazu verhält. Darauf werden wir im Nachfolgenden immer wieder zurückkommen.

An dieser Stelle wollen wir zunächst einmal festhalten: Die in der Bibel beschriebene Geschichte beginnt in einem Garten, dem Garten Eden, und endet in einer Stadt, dem neuen Jerusalem. Egal wie symbolhaft die einzelnen Begriffe zu deuten sind, lässt sich erkennen: Es gibt kein Zurück zum Ursprung. Das Bessere ist zukünftig, es liegt im Neuen, aber nicht plump verstanden als lineare Entwicklung, sondern gewissermaßen auf einer dem Sichtbaren überlagerten Ebene. Weder ist das Reich Gottes ein diesseitig lokalisierbarer Ort, noch ist es so jenseitig oder innerlich, dass es keinen Bezug zu unserer sichtbaren Welt hätte. Genau an den Fragen, wo und wie sich das Reich Gottes mit der vorhandenen Welt überlagert, sie durchdringt oder sich in ihr manifestiert, entstehen die vielfältigen gesellschaftlichen und politischen Handlungsentwürfe, über die sich eine christliche Gemeinschaft in transparenter Weise klar werden sollte.

3) Die Richtung der Zeit

Das Ausschauhalten nach einer „besseren Welt" verbindet sich mit dem Thema Hoffnung. Glaube ohne Hoffnung verkommt zu einer religiösen Richtigkeit. Hoffnung, wenn sie nicht nur nebelhaft vage sein soll, hat das „Dort" des Besseren vor Augen. Hieraus leitet sich der Fokus unseres Strebens ab. Aber auf welche Weise können wir überhaupt reflektiert von einem „Vorne", von einem „Dort", sprechen?

Aus physikalischer Sicht stehen wir vor einem Geheimnis: Zeit hat eine Richtung.[1] Wenn ein Trinkglas auf den Boden fällt, splittert es auseinander. Niemand hat bisher gesehen, dass sich in umgekehrter Reihenfolge aus Glassplittern automatisch ein

---

[1] Brian Green gibt einen guten Überblick zur neueren Forschung. Vgl. Green, Der Stoff aus dem der Kosmos ist, 171-208.

Trinkglas zusammensetzt. Wenn wir also in einer gerichteten Zeit leben, wohin bewegen wir uns? Was ist der Verlauf der Geschichte? Es gibt zwei grundverschiedene Denkvarianten:

(a) Möglicherweise befinden wir uns in einer gigantischen Kreisbewegung, sodass wir am Ende immer wieder am Anfang ankommen. Leben wir in ewiger Wiederholung? Damit wäre jegliche Vorwärtsbewegung zugleich auch ein Streben zurück zum Ursprung. Ebenfalls wäre alles Zukünftige nur eine Variation der Vergangenheit. Wer von einem Kreislauf her denkt, steht der Vorstellung von einem letzten Ziel skeptisch gegenüber. Der Bewegung an sich kommt dann mehr Bedeutung zu als dem Streben nach etwas Besserem.

(b) Dem entgegen steht die Idee des Fortschritts. Es ist ein Voran-Schreiten, weg von etwas Altem. Man lässt etwas hinter sich. Die Zukunft ist dann nicht nur ein Variieren von bereits Geschehenem, sondern bietet etwas qualitativ Neues. Eine echte Zukunft ist offen und unbestimmt. Mit jedem Tag geschieht etwas, was es in dieser Form und Kombination noch nicht gegeben hat. Menschen sind dann nicht Marionetten in einem vorgegebenen Plan, sondern haben - in begrenztem Maße - schöpferische Gestaltungskraft.

(c) Neben diesen beiden Basis-Varianten gibt es Kombinationen: Man stelle sich "Zeit" beispielsweise als spiralförmige Helix vor, bei der sich eine Kreisbewegung gleichzeitig in eine Richtung entwickelt. Im Verlauf der Zeit schraubt sich die Welt demnach zu höheren Gestaltungen empor. Letztendlich ist dieses aber auch nur eine komplexere Version von Variante (b), der Idee des Fortschreitens.

Mit der Deutung von Raum und Zeit, kosmischer Ordnung und Geschichte, befinden wir uns in einem der elementarsten Themenkomplexe. Ursprünglich in einem mythischen Weltbild verwurzelt, wurde das kreisförmige Zeitverständnis durch den

Einfluss des Judentums mithilfe seines zielorientierten Ge-
schichtsverständnisses aufgebrochen. Der christliche Glaube
nahm diese Weltdeutung auf. In Verlängerung dazu wurde das
sogenannte christliche Abendland geprägt. Im ausgehenden Mittelalter wurde dann die Kirche mit ihrer Deutungshoheit schrittweise entmachtet. In diesem Zusammenhang gab es einen Rückgriff auf die griechische Philosophie und damit eine Reaktivie-
rung des „ewigen Kreislaufes". Diese Mischung aus christlichem
und griechischem Gedankengut führte zu vielfältigen Verschrän-
kungen, Überlagerungen und Widersprüchlichkeiten inmitten
unseres modernen Zeitempfindens.[2]

Was ist eine genuin christliche Ansicht und was eine Überla-
gerung aus altgriechischer Philosophie? Wie schon bei der vorangegangenen Frage nach dem „Ort des Besseren" angedeutet,
leitet uns die Bibel zu einem fortschreitenden Geschichtsver-
ständnis an. Schon in der Tradition des Judentums wurde ein
statisch mythologisches Raumverständnis verzeitlicht. Die Welt
wurde nicht so sehr als ein in sich statisch geordneter Raum,
sondern vielmehr als in fortschreitender Dynamik gedacht. Das
Schicksal, das Fatum oder die ewige Weltordnung war damit
kein Gefängnis und auch kein Verhängnis mehr, sondern hatte
eine Öffnung zu einer echten Zukunft.

4) Die Art des Weges

Fassen wir kurz zusammen: Nach christlicher Überzeugung ergibt es Sinn, nach einer besseren Welt Ausschau zu halten und
aktiv zu hoffen. Aus einem "Dort" entsteht eine Richtung und die
Vorstellung von einem dorthin führenden Weg. Wie gestaltet

---

[2] Karl Löwith analysiert verschiedene Theorien von großen Denkern und erläutert in brillianter Weise, an welchen Stellen sich das jüdisch-christliche Weltverständnis mit altgriechischem Gedankengut überlagert und auf die Geschichtsphilosophie ausgewirkt hat. Vgl. Löwith, Weltgeschichte und Heilsgeschehen.

sich aber dieser Weg? Schauen wir zunächst einmal wieder auf säkulare Denkvarianten.

(a) Das aktuell verbreitete Muster ist das einer *Evolution*. Diese Ansicht geht davon aus, dass alles bereits im Keim angelegt ist und sich aus einem Ursprung heraus entwickelt. Ein evolutionistisches Verständnis denkt von einem absoluten Anfang und einer fortlaufenden Entfaltung. Alles geschieht nach einer inneren Veranlagung in Reaktion auf Umweltbedingungen.

(b) Anders die Vorstellung von einer *Revolution*. Hierbei geht es um bewusst herbei geführte Abbrüche gegenüber dem Vergangenen. Revolutionen gestalten sich in Form von Krisen, Einbrüchen, Umbrüchen oder - im politischen Kontext - gewaltbereiten Aufständen. Die Vergangenheit dient nur als Material, von dem man sich abgrenzen will. Der eigentliche Bezugspunkt ist eine idealere Zukunft.

(c) Als drittes lässt sich der Weg zum Besseren als *Reform* verstehen. Reformen zerstören nicht das Bestehende, sondern gestalten es in verträglichen Schritten neu, reorganisieren es, schaffen veränderte Zuordnungen und versuchen, sich damit einer idealeren Zukunft anzunähern.

(d) Ein unscheinbar viertes Muster könnte *Modulation* genannt werden. Es ist zum Verwechseln ähnlich mit dem einer Reform. Nach innerer Überzeugung geht es aber davon aus, dass das ewig Vorhandene permanent in seiner Erscheinungsform variiert wird. Es ist eine Art andauernde Verwandlung. Das Neue ist dann nur eine veränderte Wahrnehmung des Bestehenden.

Was sind aus christlicher Sicht die Schritte auf dem Weg zum Besseren? Führen wir uns kurz vor Augen, welche Antworten im Verlauf der Kirchengeschichte in Bezug auf „den Weg zum Reich Gottes" gegeben wurden:[3]

---

[3] Benedict Thomas Viviano O.P. erläutert die verschiedenen Reich Gottes-Vorstellungen in 2000 Jahren Kirchengeschichte. Vgl. Viviano, Das Reich Gottes in

- Wer an das Reich Gottes als ein *apokalyptisches Hereinbrechen* einer neuen Zeit glaubt, lebt entweder in einer begeisterten Erwartung oder abwartend distanziert, je nachdem ob nach seinem Verständnis der Hereinbruch des Neuen unmittelbar bevorsteht und sich durch eigene Handlungen sogar beschleunigen lässt, oder ob mit dem „Kommen des Reiches Gottes" erst in einer fernen, unbestimmten Zukunft zu rechnen ist.

- Wer das Reich Gottes als eine *innerlich-mystische Größe* versteht, zieht sich tendenziell aus gesellschaftlichen Belangen zurück und versucht, eine Art „innere Erleuchtung" zu erlangen. Hieraus ergibt sich ein eher privates, unpolitisches Christentum, welches nach persönlichen Erlebnissen und Gotteserfahrungen strebt.

- Wer das Reich Gottes als etwas *vollständig Jenseitiges* deutet, wird diese Welt mehr oder weniger geringschätzig behandeln: Entweder er verhält sich passiv und konzentriert sich darauf, ein abgeschiedenes, moralisch korrektes Leben zu führen, um bestmöglich auf den Himmel vorbereitet zu sein, oder er neigt dazu, die irdischen Ressourcen auszubeuten, weil die Welt nach seiner Ansicht „sowieso" vergeht.

- Wer den Ort des Reiches Gottes mit der *organisierten Kirche* auf Erden gleichsetzt, wird die Ausbreitung der Kirche vorantreiben. Die Kirche gilt dann als sichtbares Volk Gottes und Trägerin des Neuen. Solche Ansichten waren häufig mit einem Streben nach kultureller und politischer Macht verbunden mit dem Ziel, dass ganze Kulturen christianisiert werden sollten.

Jesus vergleicht das Entstehen des Neuen mit einem Geburtsprozess. Nach seiner Botschaft liegt die Welt in Wehen.[4] Damit wird zum Ausdruck gebracht: Es gibt keine lineare Entwicklung zum

---

der Geschichte.

Guten. Alles Neue kommt durch Schmerzprozesse „zur Welt". Aber es kommt unaufhaltsam. Wir sind mit unserem Hoffen und Erleiden Teil in diesem Geschehen.

5) Die Akteure des Geschehens

Kann das Bessere aktiv herbeigeführt werden oder ist es ein Geschehen, bei dem wir die Empfänger sind? Halten wir die Welt für reparierbar oder sollten wir uns auf eine abwartende Position beschränken, bis Gott eingreift? Wer ist das Subjekt einer möglichen Veränderung zum Besseren? Schauen wir uns die Varianten an:

(a) Weitverbreitet ist die Vorstellung von einer *steuernden Außenmacht*, der wir unterworfen sind. Dafür gibt es viele Bezeichnungen: das Schicksal, die Sterne, der Lauf der Dinge, der Wille der Götter oder das Weltgesetz. Immer läuft es darauf hinaus, dass es einen verborgenen Masterplan gibt, dem wir mehr oder weniger unterliegen. Irritierenderweise hat sich diese Schicksalsgläubigkeit auch im christlichen Gewand fortgeschrieben, obwohl die Betonung aus dem Judentum heraus gerade die Öffnung der Zukunft und die Befreiung vom Schicksal war. Wenn aber "Vorherbestimmung" derart verstanden wird, dass alle zukünftigen Handlungen bereits unverrückbar determiniert sind, unterscheidet sich diese Weltsicht nahezu nicht mehr von außerchristlicher Schicksalsgläubigkeit.[5] Nur das Vokabular ist ein anderes.

---

[4] *„Ihr werdet aber von Kriegen und Kriegsgerüchten hören. Seht zu, erschreckt nicht! Denn es muss geschehen, aber es ist noch nicht das Ende. Denn es wird sich Nation gegen Nation erheben und Königreich gegen Königreich, und es werden Hungersnöte und Erdbeben da und dort sein. Alles dies aber ist der Anfang der Wehen."* (Mt.24,6-8 ELB)

[5] Die Lehre von der Prädestination nahm im 16. Jahrhundert sogar die Vorstellung von einer "Vorherbestimmung zur Hölle" an. Damit wandelte sich das Bild von einem gnädig zugewandten Gott zu einem zynischen Gottesbild.

(b) Als Abgrenzung von einer „Unterwerfung unter die Götter" wurde die *Bedeutung des Menschen* hervorgehoben. Dieses
führte zur Emanzipation von alles kontrollierenden Religionen.[6]
Es ging um Freiheit und Selbstbestimmung. In Verlängerung
dazu verstanden sich Menschen als Schöpfer und Herrscher über
ihr eigenes Schicksal und über die Natur. Nun aber, wo die Religion nicht mehr als alleinige Ursache für Gewalt und kriegeri-
sche Auseinandersetzung herhalten konnte, kam immer deutlicher zutage, dass kein Mensch als „in sich gut" einer defizitären
Umwelt gegenüber steht, sondern selbst Teil einer „gefallenen"
Geschichte ist. Mit jeder Handlung läuft er Gefahr, den bestehenden Schaden noch zu vergrößern.

(c) Wie lässt sich erklären, dass Menschen gar nicht so frei
handeln, wie sie meinen, ohne auf einen wie auch immer gearte-
ten Vorherbestimmungsglauben zurückzufallen? Aus diesen
Überlegungen entwickelten sich Forschungen in Bezug auf *kollektive Verflechtungen*, psychologische Muster, hirnphysiologische
Prozesse, systemische Abläufe, Kontextvariablen oder subtil prägende Wertefelder, die unsere Handlungsfreiheit beeinflussen
oder einschränken. Wir kommen damit zurück zu den alten
Wechselspielen sowohl von Individuum und Kollektiv als auch
von Veranlagung und Sozialisation. Wer oder was bestimmt
wen?

Vielen heutigen Christinnen und Christen ist nicht klar, dass
der ursprüngliche christliche Glaube - verwurzelt im Boden des
Judentums - angetreten war, die mythologische Götterwelt zu
entmachten. Im Römischen Reich gab es sogar den Verdacht,
dass Christen Atheisten wären. Wie ist das zu erklären? Zum einen weigerten sie sich, das Götterpantheon mit dem Kaiser als
oberstem Repräsentanten als maßgebend für die Lebensführung
anzuerkennen, zum anderen glaubten sie an einen bildlosen

---

[6] Immanuel Kant sprach 1784 im Zusammenhang mit der Aufklärung von einem "Ausgang des Menschen aus seiner selbstverschuldeten Unmündigkeit."

Gott, der als einzige Verbildlichung menschliche Gestalt in Jesus von Nazareth angenommen hatte.[7]

Wer sind demzufolge aus christlicher Sicht die Akteure zum Besseren? Weder ist es eine Es-Gottheit oder ein abstraktes Weltgesetz, dem ich mich bedingungslos fügen muss, noch ist es eine Ich-Gottheit, bei der ich mich selbst als oberste Instanz und Gesetzmäßigkeit verstehe. Vielmehr betont der christliche Glaube eine Beziehung zu einem Du-Gott. Es geht um eine Relation. Die Geschichte ist ein kosmisches Beziehungsgeschehen. Der bildlose Gott tritt uns in Jesus von Nazareth als ewiges Du gegenüber und ruft uns zur Antwort und zur Verantwortung.

Heutzutage werden in vielen Variationen kollektive Netzwerkstrukturen erforscht. Dabei ist darauf zu achten, dass wir auf diesem Wege nicht erneut in eine fatalistische Mentalität verfallen. Auch wenn jeder von uns ein Teil in einem größeren Kontext ist, sind es immer noch wir, die mit jeder Handlung aus diversen Möglichkeiten eine jeweils konkrete Wirklichkeit entstehen lassen. Ebenso ist die Menschwerdung Gottes eine geschichtliche Konkretion aus einer Fülle von abstrakten Varianten. Dabei ist Aktion immer Interaktion mit anderen Menschen und mit der mich umgebenden Umwelt. Nur durch das Tun, durch das Aus-Sich-Heraustreten, durch das Sich-Äußern nehmen Ideen Gestalt an. Als Mensch sind wir mit der Fähigkeit zum Anfangen ausgestattet.[8]

---

[7] Wenn man die Linie „Gott wird Mensch und entgötzt in Jesus die falschen Götter" weiterverfolgt, landet man bei einer grundsätzlichen Infragestellung von metaphysischen Weltbildern. Als Konsequenz geht es nicht mehr um eine Religion, die unabhängig vom Menschen wahr ist, sondern gerade um eine Humanisierung des Religiösen und um die von Gott geschenkte menschliche Gestaltungskraft.

[8] Hannah Arendt sprach von der Natalität, der Geburtlichkeit des Menschen. Sie grenzte sich damit von Martin Heidegger ab, der das Grundwesen des Menschen mit dem Stichwort Mortalität, dem "Sein zum Tode", beschrieb. Natalität meint, die Fähigkeit, einen Anfang zu setzen und initiativ zu werden. Vgl. Arendt, Vita Activa, 18.

Wenn also im christlichen Glauben die Bedeutung jedes einzelnen Menschen hervorgehoben wird, dann geht es weniger um einen isolierten Individualismus, so als wäre Gott nur dazu da, gleich einer himmlischen Servicekraft meine persönlichen Bedürfnisse zu erfüllen. Die Betonung des Einzelnen bedeutet, dass jede Person ein *unverwechselbarer Akteur im Geschehen* ist. Selbst wenn in zukünftigen Geschichtsbüchern in Bezug auf viele einzelne Lebensverläufe keine Erinnerungsnotizen zu finden sein werden, beinhaltet jede getätigte Handlung und Interaktion das Potential, Gutes zur Gestalt zu bringen.

6) Erste Konturen festhalten

Damit der Begriff „christlich" nicht zu einem belanglosen Sprachcontainer verkommt, in dem jegliche Art von kirchlich-traditioneller Religiosität Platz finden kann, braucht es Klärung. Deswegen haben wir uns in einem ersten Durchgang anhand von fünf Kategorien grundlegende Weichenstellungen vor Augen geführt. Die Klärungsfragen bezogen sich (1) auf den Zustand der Welt, (2) den Ort des Besseren, (3) der Richtung der Zeit, (4) die Art des Weges und (5) den Akteuren des Geschehens. Fassen wir noch einmal zusammen:

1. Aus christlicher Sicht ist die aktuelle Welt nicht nur vom Ursprung „abgefallen", sondern zugleich auch in einem unfertigen Zustand. Das weist nach vorne, macht produktiv unruhig und erzeugt Spannung. Es gibt eine Dissonanz zwischen dem Jetzt und dem, was sein könnte. Umgekehrt: Jede Ansicht, die dazu führt, sich mit dieser verwundeten Welt als gegeben abzufinden und sich darin passiv und bequem einzurichten, ist abzulehnen.

2. Aus christlicher Sicht ist eine bessere Welt möglich. Die Bezeichnung dafür ist das „Reich der Himmel". Dieser

„Ort" liegt potentiell sowohl vor uns als auch zwischen uns. Er erweist sich dort, wo Menschen sich im Namen und im Ausblick auf den Messias versammeln. Umgekehrt: Jede Ansicht, die behauptet, diesen „Ort" eindeutig lokal zu verorten oder ihn gar vonseiten der Kirche als „offizielles Jenseits" verwalten zu können, ist abzulehnen.

3. Aus christlicher Sicht hat Zeit eine Richtung. Das Morgen ist anders als das Gestern. Wir können unser Leben nur nach vorne leben. Gottes Geschichte beginnt in einem Garten, aber endet in einer Stadt. Umgekehrt: Jede Ansicht, die rückwärtsorientiert meint, durch den Glauben an die Erlösung in Christus einen paradiesischen Zustand wiederherstellen zu können, ist abzulehnen.

4. Aus christlicher Sicht geschieht der Anbruch des Neuen in einer rhythmisch-organischen Weise. Jesus verwendete dafür den Begriff „Geburtswehen". Es ist eine pulsierende Gerichtetheit. Unaufhaltsam, schmerzvoll, aber voller Energie. Umgekehrt: Jede Ansicht, die entweder das Werden des Neuen mit Gewalt herbeizwingen will oder aber vor der Übermacht des Gegebenen resigniert, ist abzulehnen.

5. Aus christlicher Sicht ist jeder Mensch aktiv an diesem Geschehen beteiligt. Gottes neue Welt gewinnt insbesondere Gestalt durch an Christus orientierte Gemeinschaften. Umgekehrt: Jede Ansicht, die Christen entweder zu konsumorientierten Gnadenempfängern oder aber zu eigensinnig-isolierten Aktivisten macht, ist abzulehnen.

II. Ein Ziel vor Augen

Versuchen wir nun, in einem zweiten Durchgang den „Auftrag"
des christlichen Glaubens genauer zu fassen und vor dem Hintergrund der verschiedenen Weltverständnisse klarere Konturen
herauszuarbeiten. Nachdem wir uns folgenreiche Fokusverschie-
bungen und Engführungen angesehen haben, werden wir das
Verständnis vom Reich Gottes präzisieren und schließlich bei
der Kernaufgabe von „Kirche" anlangen.

1) Unglückliche Engführungen

(a) Für viele Jahrhunderte war - und ist es häufig immer noch -
die vorherrschende Antwort in Bezug auf den zentralen christlichen Auftrag: *Menschen in den Himmel bringen.* Diesseitiges Leben
dient demnach dazu, sich auf das Jenseits vorzubereiten. Damit
verbunden ist die Vorstellung von einer unsterblichen Seele und
einer Auferstehung der Toten zum Gericht. Auch wenn diese
Lehransicht nicht in allem falsch ist, gründet sie sich zu weiten
Teilen weniger auf christliche Überzeugungen, sondern mehr
auf griechisch-philosophische Denkweisen. Die Betonung einer
endlosen Seelenreise und einer individualistischen Jenseits-Ret-
tung lässt sich nur schwer mit einer jüdisch-christlichen Tradition in Einklang bringen. Dafür ist die biblische Botschaft viel zu
gemeinschaftlich und schöpfungsbejahend ausgerichtet.

(b) Fernab von einer jenseitigen Zukunft könnte man konkre-
ter antworten: Der zentrale Auftrag des Christentums ist die
Weltevangelisation. Mit Berufung auf die letzten überlieferten
Worte von Jesus im Matthäusevangelium besteht seine
„Mission" in der Verkündigung des Evangeliums und der Bekehrung von „Heiden". Auch dafür ließen sich gewisse Bibelstellen als Begründung anführen. Allerdings verursacht dieser Fo-

kus eine Spaltung der Menschheit in „drinnen" und „draußen".
Es ist fraglich, ob Jesus, der beständig Grenzen überschritten hat,
die unterschiedslose Zuwendung Gottes betonte und insbesondere zu den „Draußen-Menschen" Kontakt hielt, mit so einer
Klassifizierung einverstanden gewesen wäre.[9]

(c) Noch eingegrenzter könnte die Antwort lauten: Der Auftrag besteht darin, möglichst *viele Kirchen zu gründen und zum
Wachstum zu bringen.* Auch eine solche Vorstellung scheint sehr
verbreitet zu sein. Ansonsten ist kaum zu erklären, warum ein
Schrumpfen der Kirchen als Verlust für die christlichen Anliegen
erlebt und immer wieder nach Wachstumskonzepten Ausschau
gehalten wird. Ohne Frage wurde und wird viel Gutes durch
kirchliche Arbeit geleistet. Aber wenn wir uns mehr und größere
Kirchen wünschen, dann muss zuallererst gefragt werden, was
für eine Art von Kirche soll vermehrt und vergrößert werden?
Nicht jede Art von Kirche tut dieser Welt gut.

2) Das missverstandene Reich

Kommen wir auf Jesus zurück: Bereits im vorangegangenen Kapitel ist angeklungen, dass das „Reich Gottes" der zentrale Begriff in der Verkündigung von Jesus war. Unglücklicherweise
führte genau diese Begrifflichkeit zu vielen Missverständnissen
und diente als Projektionsfläche für kirchliche Machtansprüche.

Worin besteht das Problem? Die Rede von „dem Reich", genauer: der Königsherrschaft Gottes, weckt Assoziationen in Richtung auf eine monarchische Regierungsform. Der Begriff
„König" und „Herrschaft" klingt nach Alleinregentschaft und
Unterdrückung. Kombiniert man dieses mit einem geographischen Verständnis vom „Reich", landet man am Ende bei einer

---

[9] Jesus in der Bergpredigt: „*Ich aber sage euch: Liebt eure Feinde, und betet für die,
die euch verfolgen, damit ihr Söhne eures Vaters seid, der in den Himmeln ist! Denn er
lässt seine Sonne aufgehen über Böse und Gute und lässt regnen über Gerechte und
Ungerechte.*" (Mt.5,44.45 ELB)

theokratischen Regierungsform, einer pyramidenhaften Leitungsstruktur, politischen Kontrollordnungen und dem Recht, abweichende Untertanen mit Gewalt zu bestrafen. Erschreckenderweise fungierte diese Deutung für viele Jahrhunderte als Leitbild für kirchliches Engagement im politischen Kontext. Bis heute trägt diese Fehldeutung zum Verruf des christlichen Glaubens bei.

Wenn Jesus von einer Königsherrschaft Gottes sprach, darf man dieses nicht als Blaupause für eine menschliche Regierungsform interpretieren. Vielmehr muss man es vor dem Hintergrund der jüdischen Geschichte hören. Könige waren in Israel fehlbare Menschen und nicht gottgleiche Herrscher wie beispielsweise Pharaonen im damaligen Ägypten. Darüber hinaus war die Einrichtung des Königtums nur eine Billigung Gottes, keine Ideallösung.[10] All dieses trug dazu bei, dass das Verhalten eines menschlichen Königs zwar mit Anerkennung, zugleich aber auch mit Skepsis und Kritik verfolgt wurde.

3) Jesus und das Reich Gottes

Als Jesus auftrat, sprach er deutlich davon, dass die Ausübung von Macht im Reich Gottes diametral anders als bei weltlichen Herrschern sei. Mit seiner eigenen Person machte er deutlich, dass sich wahre Größe in Dienstbereitschaft äußere. Dieses meint nicht anbiedernde Unterwürfigkeit, sondern die Ausrichtung der eigenen Handlung an dem aktuellen Bedürfnis meines Mitmenschen.

Als weiteres widersprach Jesus der Erwartung, dass sich das Reich Gottes geographisch lokalisieren ließe. Es ist weder hier

---

[10] *„Ihr aber habt heute euren Gott verworfen, der euch aus allen euren Nöten und euren Bedrängnissen gerettet hat, und habt zu ihm gesagt: Einen König sollst du über uns setzen!"* (1.Sam.10,19 ELB)

noch dort[11], sondern inmitten und dazwischen. Das Reich Gottes ist nicht menschlich verfügbar oder räumlich verortbar. Es ereignet sich in einem Zwischenraum der Interaktion. Es ist das Potential zur Anfänglichkeit, die Möglichkeit, erste Schritte zu gehen, aus sich heraus zu kommen und sich einander wohlwollend zu öffnen. Das Reich Gottes ist nicht vorzeigbar, sondern flüchtig und flimmernd. Es fungiert als katalysatorische Lücke, die uns aus der Deckung der Vorurteile lockt und uns den anderen mit dem Blick von Christus sehen lässt.

Jesus verwendete demnach den Begriff „Königsherrschaft" in einer gebrochenen Weise. Er griff zwar die Vorstellungen seiner Zeitgenossen auf, dekonstruierte sie aber anschließend und setzte sie in verblüffend neuer Kombination zusammen.[12] Das Reich Gottes wird damit zu einem Raum der Entfaltung, der Potentialität, der Freisetzung und der Heilung.[13]

4) Das Reich Gottes als umfassender Schalom

Möglicherweise ist das, was Jesus mit dem Begriff „Reich Gottes" zum Ausdruck bringen wollte, für unsere heutigen Ohren besser in dem Wort „Schalom" zu erfassen.[14] Der Ausdruck „Schalom" ist nicht mit so vielen negativen Assoziationen behaf-

---

[11] *„Und als <Jesus> von den Pharisäern gefragt wurde: Wann kommt das Reich Gottes?, antwortete er ihnen und sprach: Das Reich Gottes kommt nicht so, dass man es beobachten könnte; auch wird man nicht sagen: Siehe hier! Oder: Siehe dort! Denn siehe, das Reich Gottes ist mitten unter euch."* (Lk.17,20.21 ELB)

[12] John Howard Yoder führt in seinem Bestseller aus, dass und wie eine Messianische Ethik möglich ist. Vgl. Yoder, Die Politik Jesu, 7-28.

[13] *„In Jesus sind wir eingeführt in eine total neue Geschichte freier Menschen, des immerwährenden riskanten Abenteuers, der unaufhörlichen gewagten Improvisation."* (Hoekendijk, 76). Leider sind kirchliche Bestrebungen mit zunehmender zeitlicher Entfernung von den urchristlichen Wurzeln immer mehr in Richtung weltlicher Macht verlaufen. Herrscher wurden mit Rückgriff auf das alttestamentliche Königtum christlich legitimiert und Gott wurde als der Allherrscher, der keine Rebellion duldet, verkündigt. Es ist nicht weiter verwunderlich, dass sich in der anschließenden gesellschaftlichen Entwicklung immer mehr Menschen von solch einem religiösen Unterdrückungssystem befreien wollten.

tet wie der des „Reiches Gottes". Aber auch hier bedarf es einer
inhaltlichen Präzisierung.

Schalom meint nicht Frieden im Sinne von Waffenstillstand.
Auch meint es nicht ein oberflächliches Kurzzeitglück. Vielmehr
wird im Hebräischen damit eine geheilte, harmonische Ordnung
des Kosmos und aller darin vorkommender Lebewesen zum
Ausdruck gebracht. Schalom umfasst Gerechtigkeit, Wohlbefin-
den, Glück, Stimmigkeit und Segen.[15] Dieser Schalom ist kein
egoistischer Besitz einzelner religiöser Gruppen. Es gibt keine
Grenzen, an denen die Segnungen des Schalom aufhören.

Der göttliche Schalom ist so etwas wie ein Kraftfeld, das alle
Zersplitterung auflöst und die einzelnen Teile in eine stimmige
Zuordnung bringt. Ein Ort, an dem kultische und religiöse Gren-
zen ihre Bedeutung verlieren. Es ist ein Lebensraum, in dem alle
Menschen gleich wesentlich sind und ihre Freiheit nicht dazu
missbrauchen, andere zu unterdrücken oder auszubeuten. Der
Schalom ist eine gerechte und gesunde Wohlordnung.

Sprechen wir von einer unerreichbaren Utopie, einem Nicht-
Ort, einer religiösen Fata Morgana?

Das Zeitalter des Schalom wird nach jüdisch-christlicher Tradition mit dem Kommen des Messias in Verbindung gebracht.
Der Messias (griechisch: Christus) ist der Fürst des Schalom. Er
bringt Zukunft und Hoffnung. Auch hier wird wieder deutlich,
dass der neue Äon, also das neue Zeitalter, mit einer Person, ei-

---

[14] Die Ankündigung des Messias verbindet sich mit folgender Zusage: *„… auf
dass seine Herrschaft groß werde und des Friedens kein Ende auf dem Thron Davids
und in seinem Königreich, dass er's stärke und stütze durch Recht und Gerechtigkeit
von nun an bis in Ewigkeit."* (Jes.9,6 LUT). Der Messias ist der Fürst des Schalom.
Die großen Eckwerte der kommenden Welt sind Frieden und Gerechtigkeit. So
auch folgende Psalmaussage: *„dass Güte und Treue einander begegnen, Gerechtigkeit und Frieden sich küssen; dass Treue auf Erden wachse und Gerechtigkeit
vom Himmel schaue."* (Ps.85,12.13 LUT).

[15] Pinchas Lapide erläutert in sehr hilfreicher und korrigierender Weise die ursprünglichen Bedeutungen der Wortfelder „Schalom" und „Gerechtigkeit".
Vgl. Lapide, Ist die Bibel richtig übersetzt?, 58-63.

nem Du, verbunden ist. Der Schalom ist weder ein abstrakt un-
personales Konzept noch ein eigenmächtiges menschliches Vor-
haben. Die Verwirklichung des Schalom geschieht durch ein
göttliches Du. Es ist ein Du, dass uns in der Zukunft erwartet,
mehr noch: das aus der Zukunft auf uns zukommt.

An dieser Stelle ist noch einmal wichtig festzuhalten: Der
Schalom Gottes ist eine Zusage und Verheißung für die Welt. Er
ist kein elitäres Geschenk für irgendeine Kirche. Gottes Zuwendung und sein Mitleiden gilt einer gefallenen Welt - unter-
schiedslos, welche Menschen sich auf der Erde befinden. Die Vision vom Reich Gottes ist ökumenisch, das heißt, sie umfasst den
gesamten menschlichen Lebensraum.

Wenn wir folglich „die erneuerte Welt" als Zielperspektive für
unser Verständnis vom Schalom und dem Reich Gottes verstehen, hat das weitreichende Konsequenzen für unser Selbstverständnis als Kirche, unser christliches Denken und das daraus re-
sultierende Handeln. Eine der wichtigsten Auswirkungen ist:
Kirche ist niemals Selbstzweck. Wenn sie ihre Berechtigung in
der Erhaltung des Status Quo und der Pflege von religiösen Traditionen sieht, ist sie nichts anderes als eine Art christlicher Kul-
turverein.

5) Gott, Mensch und Welt

Der Schalom Gottes ist eine alles umfassende, harmonische Ordnung. Damit diese Aussage nicht missverstanden wird, müssen
wir umgehend einer totalitären Verzerrung entgegentreten. Ist
der Schalom eine Zwangsharmonie, also eine Art von erzwunge-
ner Einheit? Keineswegs.

Bleiben wir kurz bei dem Begriff „Einheit". Die Hoffnung auf
eine allgemeine kosmische Einheit ist nicht auf das jüdisch-christliche Verständnis begrenzt. Um die Unterschiede
zwischen großen religiösen Lehrgebäuden besser zu verstehen,

ist es hilfreich anzuschauen, wie die drei Elemente „Gott",
„Mensch" und „Welt" in Beziehung gesetzt werden. Nach jüdischem Verständnis stehen Gott, Mensch und Welt zwar in Relation zueinander, sind aber auch klar voneinander zu unterscheiden und als eigenständig zu respektieren.[16] Sie verschmelzen
nicht zu einem einheitlichen Klumpen. Keines von den Dreien
kann jeweils in eines der anderen hinein aufgelöst werden. Tut
man es doch, kommt es zu folgenden Varianten.

(a) Nehmen wir an, der Begriff „Gott" dominiert alles. Dann
wäre der Mensch nur eine Verlängerung von Gottes unverrück-
barem Willen und die Welt nur eine verkleidete göttliche Erscheinung. Alles wäre letztendlich eine Ausprägung des Göttlichen. In diesem Modell verliert der Mensch seine Mündigkeit
und muss das, was die Natur vorgibt, als unhinterfragbar göttlich hinnehmen.

(b) Nehmen wir an, der Begriff „Mensch" dominiert alles.
Dann wäre Gott nur eine psychologische Projektion der mensch-
lichen Fantasie und die Welt würde zu einer auszubeutenden
Ressource für den Menschen. Bei dieser Sichtweise wird der
Mensch zum letzten Maßstab, erfindet sich Götter nach Ermes-
sen und unterwirft die Welt gemäß seinem Machthunger.

(c) Nehmen wir an, der Begriff „Welt" in seiner materiellen Bedeutung dominiert alles. Dann wäre der Mensch nur eine Kombination aus chemischen Verbindungen und Gott nur ein ge-
schichtliches Kulturkonstrukt. Wir würden alle gemeinsam in einem unpersonal funktionalen Kosmos leben und alle Humanität
wäre schlichtweg Einbildung.

Interessant ist: Jede dieser drei Varianten führt - konsequent
weiter gedacht - zu verhängnisvollen Folgen:

---

[16] Der jüdische Philosoph Franz Rosenzweig führt anhand der drei Begriffe
„Gott", „Mensch" und „Welt" und ihrer jeweiligen Bezüge die Unterschiedlich-
keit der großen Weltreligionen aus. Vor diesem Hintergrund beschreibt er in einer unübertroffenen Weise die innere Logik der jüdischen Weltsicht. Vgl. Rosenzweig, Der Stern der Erlösung, 25-90.

Zu (a): Ist Gott alles, dann ist alles Geschöpfliche nur eine Variation seiner selbst. Es gäbe keine Freiheit und keine Beziehung zwischen Verschiedenem. Menschen sind dann keine unverwechselbaren Individuen, sondern eher so etwas wie geklonte kleine Götter.

Zu (b): Ist der Mensch alles, wird das eigene kritische Denken zur letzten Instanz über richtig und falsch. Letztendlich ist dann unsere Umwelt eine Spiegelwelt und alle Interaktion nur eine Projektion meiner inneren Wünsche. Auf diese Weise ist jeder Mensch ein in sich abgeschlossenes Universum mit keinerlei Außenkontakt.

Zu (c): Ist dagegen die Welt alles, so leben wir gewissermaßen in einem mechanischen System von Kombinationen. Alles ist Oberfläche, ein reines Außen, ohne Bedeutung und Sinn. Es geht nur noch um Kosten und Nutzen in einer endlosen Liste von Vorläufigkeiten.

Wenn eines aus den Dreien isoliert gegen die anderen beiden ausgespielt wird, kommt es auf gesellschaftlicher und politischer Ebene entweder zur menschlichen Selbstüberschätzung und Ausbeutung der Umwelt oder zur bedingungslosen Unterwerfung. Entweder rücksichtslose Freiheit des Individuums oder totalitäre Manipulation der Massen. Nur wenn der Mensch eine gewisse Eigenständigkeit gegenüber Gott behält und die Würde der Schöpfung gegenüber dem Menschen bewahrt wird, bleibt eine humane Welt möglich.

Die harmonische Einheit des Schalom ist keine Verschmelzung der Dreien - Gott, Mensch, Welt - zu Einem, sondern eine relationale Bezogenheit.

6) Die Welt als Kontext

Gehen wir weiter zum Stichwort „Welt" und vertiefen unseren Gedankengang. Die Welt ist der Kontext, in dem sich alle Geschichte abspielt. Nach biblischem Verständnis ist sie nicht bloß Natur, sondern Schöpfung. Hinter ihr steckt eine Absicht, die noch nicht zur Vollendung gekommen ist. Das, was wir momentan erleben, ist demnach noch nicht das Ende der Geschichte.

Noch einmal: Die Welt ist der Lebensraum des Menschen. Sie ist nicht ewig, sondern nimmt einen zeitlichen Verlauf. Ebenso wenig ist sie göttlich, wie in manchen mythologischen Vorstellungen. Sie ist nicht unantastbar. Jedoch hat sie in ihrer Eigenständigkeit eine eigene Würde und darf vom Menschen nicht zu egoistischen Zwecken missbraucht werden.

Gott hat Interesse, beständig neu diese Welt zu berühren und zu heilen. Wir leben in einer Ein-Welt. Sie ist nicht gespalten in ein Diesseits und ein fernes Jenseits, es gibt keinen „himmlischen Ort" abgetrennt von dieser Welt. Eine solche Aussage mag manchen langjährigen Christen verwirren. Ging man doch vorwiegend davon aus, dass dieses irdische Leben nur ein Vorspiel für die Ewigkeit sei. Viel treffender ist es aber, sich bewusst zu machen, dass die sogenannte Ewigkeit beständig anwesend ist.

Wenn wir also von einer „Ein-Welt" sprechen, meint das nicht, dass das Sichtbare schon die ganze Wirklichkeit umfassen würde. Im Gegenteil: Es braucht eine Tiefenschau der Wirklichkeit. Das Sichtbare ist nur die Oberfläche. Gottes Sicht öffnet die Augen für das Wesentliche hinter dem Vordergründigen. Unsere Ein-Welt hat mehrere Dimensionen, die sich überlagern und gegenseitig beeinflussen.

All dieses führt zu wichtigen Weichenstellungen in unserem christlichen Wirklichkeitsverständnis:

- Wir schreiben diese Welt nicht mit vermeintlich frommen Hinweisen auf eine „neue Welt" ab. Wir fliehen nicht in eine religiöse Parallelwelt und behaupten, das wäre ein „geheiligter Lebensstil". Damit stellen wir uns gegen jede Form von Weltflucht.

- Die Welt ist im Prozess und befindet sich in einer Geschichte. Wir glauben an eine geöffnete Zukunft und daran, dass wir als Christen dazu berufen sind, eine lebensfördernde Hoffnung auszustrahlen. Damit stellen wir uns gegen jede Form von christlich verkleideter Schicksalsgläubigkeit.
- Wir sind gegen eine Vergötzung der Vergangenheit und halten den Status Quo nicht für das letzte Wort. Stattdessen glauben wir, dass wir die Aufgabe haben, das Neue zu erwarten und eine bessere Zukunft zu gestalten. Tradition ist keine Beharrung im Alten, sondern eine permanente Aktualisierung der Jesus-Botschaft.
- Wir glauben, dass diese Welt ein relationaler Raum ist. Geschichte ist eine Verflechtung von Geschichten. Bei aller Ähnlichkeit zu vergangenen Ereignissen gibt es keine hundertprozentige Wiederholung. Damit gibt es in jedem Moment ein Quantum an Neuheit und die Chance zum Anfangen.[17]
- Wir sind davon überzeugt, dass die Welt ein Geschenk Gottes an uns Menschen ist. Die Schöpfung steht in Beziehung zu ihrem Schöpfer, sie ist kein unabhängiges kosmisches Uhrwerk. Hinter aller Materie steht ein ewiges Du. Die letzte Wirklichkeit ist personal. Damit hat jeder einzelne Mensch einen in sich begründeten Eigenwert.

---

[17] Neu „... *steht für das Reich und den Geist, die Freiheit zum Dienste in Solidarität und die Wiederherstellung der Menschlichkeit, es steht für Heil und Frieden... All das gehört nicht in die Chronologie der bisherigen Geschichte, es ist nicht die Fortsetzung des Alten, sondern es proklamiert das Ende der alten Welt... Es ist also aus mit dem alten Lebensstil, dem Versuche der Verewigung durch Religion, Gesetz und geschlossene Ordnung, die Zuteilung fixierter Orte für alles und alle."* (Hoekendijk, Die Zukunft der Kirche und die Kirche der Zukunft, 76)

7) Was ist der Mensch?

Damit leiten wir über zur Rolle eines jeden einzelnen. Wie verstehen wir unser irdisches Leben? Wie deuten wir das, was mit und durch uns geschieht?

Eine der großen Versuchungen, der häufig auch das Christentum erlegen war, ist die Vorstellung von einer parallelen Ideenwelt, die mehr Wirklichkeit als das Sichtbare hat. Damit wertete man schlussendlich alles Körperliche als „diesseitig" und „dunkel" ab und verstand es schlimmstenfalls sogar als „Gefängnis" für die ewige Seele.

In einer abgemilderten Form wird der christliche Glaube zu einer Art Philosophie, indem er sich mit ewigen Werten befasst und versucht, zeitlose Wahrheiten zu formulieren. Alle Überlegungen bewegen sich dann in einer abstrakten, überirdischen Sphäre. Man könnte dafür auch den Begriff „Metaphysik" verwenden. In diesem Verständnis ist die „Welt des Glaubens" letztendlich von der sichtbaren Erfahrung getrennt.

Egal in welchem Ausmaß sich die Vorstellung von einer „Eigentlichen Glaubenswelt" herausbildet, das Ergebnis ist immer ähnlich: Man distanziert sich innerlich von dem täglichen Zeitverlauf und glaubt, eine Beobachterposition einnehmen zu können. Mehr noch: Man leitet aus dieser vermeintlich neutralen Außenansicht die Befugnis ab, das Leben von anderen Menschen beurteilen zu können. Während man selbst nur passiv auf der Tribüne sitzt, gibt man Bewertungen über „die Spieler auf dem Feld" ab.

Ganz anders: Aus dem Verständnis vom „Leben in einer Ein-Welt" leitet sich ab, dass jede*r zu jedem Zeitpunkt immer mitten im Geschehen ist, Erfolge erlebt und auch scheitern kann. Es gibt keine Wirklichkeit außerhalb der konkreten Geschichte. Es gibt kein Leben auf der Tribüne. Alles, was du sagst und was du tust, ist eine Äußerung, ein nach Außen treten und damit eine interaktive Handlung. Du kannst nicht nichts tun. Allein damit, dass du mit einem Körper - deinem Mund, deinen Augen und Ohren, deiner Haut - in dieser einen Welt lebst, bist du ein Wirkender und Handelnder.

Eine solche Sicht mögen Menschen als bedrohlich und beengend erleben. In der Tat verwendet die Offenbarung dafür das Bild „am Ende der Zeit werden die Bücher aufgetan".[18] Modern gesprochen: Die Geschichte und der Weltverlauf sind ein gigantischer Datenspeicher, in dem nichts verloren geht.

Umgekehrt ist diese Anschauung aber auch ausgesprochen spannend und ermutigend. Wenn nichts verloren geht, heißt das: Jedes Augenzwinkern, jeder Händedruck und jedes Lächeln wird registriert. Jeder Beitrag ist wichtig. In einem großen Netz der Konnektivität gibt es Wechselwirkungen und Kettenreaktionen. Aus Kleinem kann Großes werden. Niemand hat den Überblick und kann die genauen Folgen vorhersehen.

Die besonders bedeutsamen Handlungen im Kontext der Welt sind Interaktionen, die von Liebe motiviert sind. Es geht um freundliche Hinwendungen zu anderen Menschen. Das „Liebe deinen Nächsten" macht aus Nebenmenschen Mitmenschen. Konkretionen der Liebe sind erkennbare Handlungen in Raum und Zeit, die dem anderen, der mir aktuell am nächsten steht, dienlich sind.[19]

Wo also verorten wir uns? Christinnen und Christen glauben an eine Ein-Welt und daran, dass wir immer mitten im Geschehen sind. Während Gott handelt, engagieren wir uns, indem wir uns an dem orientieren, was wir von Jesus lernen. Solche hoff-

---

[18] *„Und ich sah die Toten, die Großen und die Kleinen, vor dem Thron stehen, und Bücher wurden geöffnet; und ein anderes Buch wurde geöffnet, welches das des Lebens ist. Und die Toten wurden gerichtet nach dem, was in den Büchern geschrieben war, nach ihren Werken."* (Off.20,12 ELB)

[19] Franz Rosenzweig spricht davon, dass die Bibel uns auffordert, den Nächsten zu lieben, nicht den Übernächsten. Vgl. Rosenzweig, Der Stern der Erlösung, 262.

nungsvollen Handlungen sind Vorgucker für das Neue, Hinweise und Zeichen des Kommenden. Jede Handlung der Hoffnung hält unsere Vorstellungskraft wach für eine bessere Welt und motiviert andere, diesen Weg mitzugehen.

Dabei ist unser menschliches Engagement keine Konkurrenz zum Wirken Gottes. Man kann sich das so vorstellen: Der Fluss der Zeit ist mit einem langen Fahrsteig[20] wie beispielsweise auf einem Flughafen zu vergleichen. Mit unserer Geburt betreten wir diesen fließenden Boden und sind hineingeworfen in eine Geschichte, die mehr und mehr zu unserer eigenen Geschichte wird. Der Zeitfluss nimmt uns mit in eine Richtung, in ein Vorne. Inmitten dieses Stromes können wir in begrenzter Weise navigieren, mit den Mitreisenden Kontakt aufnehmen und sinnvoll aktiv werden. Es ist aber unmöglich, dem Gerichtetsein der Zeit grundlegend zu entkommen.

8) Kirche als Avantgarde

Am Ende dieser zweiten Gedankenrunde versuchen wir genauer zu fassen, welche Rolle eine christliche Gemeinschaft bei all diesen Überlegungen spielt. Was ist der Auftrag von „Kirche"?

Zunächst eine kleine Begriffsklärung: Unter „Kirche" wird landläufig ein Gebäude oder eine religiöse Institution verstanden. Das ist eine sehr äußerliche Sicht. Besser ist es, darunter eine lebendige christliche Gemeinschaft zu verstehen.

Das Wort „Kirche" wird vom altgriechischen „kyriakón" abgeleitet. Es bedeutet „zum HERRN gehörig". Es meint Menschen, die sich bei Jesus, dem Kyrios, verankern. Ähnlich die Entstehung des Begriffes „Christ". Die allerersten Jesus-Schüler

---

[20] Ein Fahrsteig ist ein bewegter oder rollender Bürgersteig, so etwas wie eine horizontale Rolltreppe. Umgangssprachlich werden die Begriffe Rollsteig oder Laufband verwendet.

wurden einfach nur „die, des neuen Weges" genannt.[21] Wir haben es in der frühen Christenheit zunächst mit einer Erneuerungsbewegung innerhalb des Judentums zu tun. Erst als sich der neue Glaube im griechischen Umfeld ausbreitete, kam die Bezeichnung „Christ" auf, was soviel wie „zu Christus gehörig" bedeutete.[22]

Bei beiden Begriffen haben wir es mit Dynamik und Zugehörigkeit zu tun. Der christliche Glaube ist im Kern kein Zustand, kein Status und kein religiöser Besitz. Glaube ist ein Gehen, ein Unterwegssein, ein beständiger Lernprozess. Kurz: Glauben ist kein Hauptwort, sondern ein Tun-Wort. Glauben kann nicht abstrakt gewusst, sondern nur gelebt werden. Dieser Wegprozess geschieht in einer Du-Relation, in einer vertrauensvollen Lehrer-Schüler-Beziehung zu Christus.

Kirche ist demnach eine an Christus orientierte Lerngemeinschaft. An anderer Stelle wird sie als wanderndes Gottesvolk beschrieben. Damit wird Bezug genommen auf das Volk Israel, als es nach dem Auszug aus Ägypten in der Wüste wanderte und Gottes Führung folgte.

Der noch ursprünglichere Begriff für die ersten christlichen Gemeinschaften ist „Ekklesia". Dieses griechische Wort entstammt einem politischen, eigentlich unreligiösen Sprachumfeld und meint Personen, die aus der anonymen Masse in städtische Verantwortung gerufen wurden. Modern formuliert: Kirche besteht aus Menschen, die sich von Gott aus einer abwartend, konsumierenden Haltung herausrufen lassen, um sich für ihr Umfeld und für das Gemeinwesen positiv gestaltend einzusetzen.

Kritische Stimmen fragen, ob es folglich „nur" um soziale Aktionen und gesellschaftliches Engagement ginge? Wo befindet

---

[21] *„...damit, wenn <Paulus> einige, die des Weges wären, fände, Männer wie auch Frauen, er sie gebunden nach Jerusalem führe."* (Apg.9,2 ELB)

[22] *„...dass die Jünger zuerst in Antiochia Christen genannt wurden."* (Apg.11,26b ELB)

sich dann die geistlich, missionarische Komponente? Wo bleibt
die eigentliche Mission der Kirche?

Wer so fragt, versteht unter Mission bloß einen individualistischen, religiösen Konversionsprozess, nämlich die Bekehrung
einzelner. Alles, was nicht in diese Kategorie passt, gilt - auf die
Spitze getrieben - als Zeitverschwendung. Aber eine solche Sicht
zeugt von einer Verzerrung und schwer nachvollziehbaren Eng-
führung.[23]

An dieser Stelle erweisen sich unsere vorherigen Ausführun-
gen zum allgemeinen Weltverständnis und zur Zielperspektive
Gottes als hilfreich. Wenn es darum geht, dass Gottes Absicht die
Erneuerung der Ein-Welt ist und nicht die Herauslösung einzel-
ner in eine religiöse Parallelwelt, dann liegt der Fokus darauf, als
Gemeinschaft in dieser „diesseitigen" Welt einen Lebensstil der
Hoffnung, der Erwartung und des Ausblicks zu kultivieren.

Die höchste Berufung von Kirche ist es, ein Vorgeschmack des
messianischen Schalom zu sein. Kirche ist dann eine Durch-
bruchstelle in die Zukunft, die Avantgarde Gottes[24], eine geist-
lich-irdische Pilgergemeinschaft. Sie lebt in der Erwartung des
Kommenden und setzt jetzt schon Zeichen, Wegmarkierungen
und Leuchtfeuer für Suchende. Kirche ist nicht in sich das Reich
Gottes und sie „baut" auch nicht das Reich Gottes. Vielmehr ist
sie ein spiritueller Aperitif, ein Vorgucker, ein Trailer oder ein
Prototyp. Die Aufgabe von Gemeinde ist es, die Sehnsucht wach

---

[23] Wenn unter der „Mission der Kirche" nur Evangelisation verstanden wird, ist
das sehr verkürzt. Besser ist es, wenn der Begriff „Mission" weiter gefasst wird.
Der Gesamtauftrag der Kirche umfasst sowohl Verkündigung, tätige Nächstenliebe, Gemeinwesenarbeit als auch prophetische Komponenten.

[24] Johann Christian Hoekendijk schreibt: *„Ich glaube an die Kirche, die ein Mittel in
Gottes Händen ist, den Schalom in dieser Welt aufzurichten, die aufgenommen ist in
den Siegeszug des verherrlichten Menschensohns und die auf ihrem Wege die Zeichen
des kommenden Reiches bemerkt."* Hoekendijk, Die Zukunft der Kirche und die
Kirche der Zukunft, 100. Harvey Cox nimmt den von Hoekendijk verwendeten
Begriff der Avantgarde Gottes auf und verlängert ihn. Vgl. Cox, Stadt ohne
Gott?, 140-142.

zu halten und nicht christliche Besitztümer zu verwalten oder zu verteidigen. Daraus folgen wichtige Leitlinien:

- Eine christliche Gemeinschaft hat einen zelthaften Charakter. Sie richtet sich nicht in Endgültigkeiten ein, sondern bleibt mobil und flexibel. Dieses bewirkt sowohl einen selbstkritischen Umgang mit Gebäuden als auch eine Korrekturbereitschaft in Bezug auf starre Glaubenssysteme. Es ist die Logik einer Software-Beta-Version, die in dem derzeitigen Stadium unfertig ist und beständig verbessert wird.

- Kirche als Lerngemeinschaft ist offen für alle, die Schüler von Jesus sein wollen. Die Notwendigkeit, sich rechtlich zu organisieren, kann leicht in Bezug auf das inhaltliche Selbstverständnis in die Irre führen. Manch einer verwechselt dann Kirche mit einem Mitglieder werbenden Verein. Durch ein solches statisches Mitgliedsverständnis wird ein Drinnen-draußen-Muster verstärkt. Das Ziel bestünde dann nur darin, Leute „hereinzuholen". Ganz anders: Kirche als ein Erwartungsweg hin auf den kommenden Schalom lädt jeden ein, sich in diesen Bewegungsfluss hineinzustellen und aktiv daran zu beteiligen.

- Ohne Frage haben große Kirchen und Versammlungen etwas Imposantes. Aber größer ist nicht automatisch besser. Der Maßstab für eine qualitativ hochwertige Kirche ist nicht die Fähigkeit, viele Menschen in einem Gebäude zu versammeln, sondern gemeinsam in der göttlichen Sendung zur Welt zu leben. Ein zentrales biblisches Bild ist das des Salzes, welches eine fade Suppe würzt.[25] Eine gute Kirche lebt durch ihre beständige Bereitschaft zum Segnen gewissermaßen in einer ununterbrochenen Selbstauflösung.[26] Sie brennt

---

[25] *„Ihr seid das Salz der Erde; wenn aber das Salz fade geworden ist, womit soll es gesalzen werden? Es taugt zu nichts mehr, als hinausgeworfen und von den Menschen zertreten zu werden."* (Mt.5,13 ELB)

und leuchtet, ohne zu verbrennen. Sie gibt und hat immer genug. Das ist das eigentliche Wunder.

---

[26] Gemeint ist nicht eine fromme Verausgabung, sondern eine freigebige Atmosphäre: *„Ich <Paulus> habe euch in allem gezeigt, dass man so arbeitend sich der Schwachen annehmen und an die Worte des Herrn Jesus denken müsse, der selbst gesagt hat: Geben ist seliger als Nehmen."* (Apg.20,35 ELB)

III. Drei Kernaktivitäten von Kirche

Fragen wir nun als drittes genauer nach, was „Kirche" im einzelnen tut oder tun sollte. Vordergründige Antworten gibt es viele: Kirche feiert Gottesdienste, erhält historische Gebäude, pflegt kirchliche Musik, legt die Bibel aus, übt Seelsorge und engagiert sich für Bedürftige.

Man kann den inhaltlichen Auftrag einer christlichen Gemeinde in fünf Teilaufträge aufteilen: Gemeinschaft, Nachfolge, Anbetung, Evangelisation und Dienst.[27] Innerhalb eines gewissen christlichen Umfeldes haben diese Begriffe eine verständliche Bedeutung. Außerhalb einer kirchlichen Sprachkultur führen sie leicht zu Missverständnissen und erweisen sich teilweise als ungeeignet. Wer genauer hinsieht, merkt: Mit diesen Bezeichnungen wird die Ausgangsfrage nach dem Auftrag von Kirche nur scheinbar beantwortet. Damit ist Folgendes gemeint:

- **Gemeinschaft:** Wenn Kirche ein neu formiertes Beziehungsnetz ist, stellt sich die Frage: Was für eine Art von Gemeinschaft ist das? Was unterscheidet Kirche von einem Interessenverein? Gibt es andere Umgangsformen oder befinden wir uns mit Kirche schlichtweg in einer mehr oder weniger selbstbezogenen, religiösen Subkultur? Vielfach wird für das gemeinschaftliche Binnenleben von Kirche der Begriff „geistliche Familie" verwendet. Dabei muss bedacht werden, dass Jesus gerade das System der Herkunftsfamilie

---

[27] Diese fünf zentralen Aufträge sind orientiert an dem Konzept „Purpose Driven Church" von Rick Warren. Im Englischen lauten die Begriffe: Membership, Maturity, Ministry, Mission und Magnify. Als Übertragung in die deutsche Sprache haben wir die Begriffe Jüngerschaft, Anbetung, Freundschaft, Evangelisation und Dienst gewählt. Die Anfangsbuchstaben lassen sich mit dem Akronym J.A.F.E.D. zusammenfassen. In neuerer Zeit haben wir in der Zellgemeinde die Idee von Tobias Ennulat aufgenommen und verwenden seitdem das Akronym G.N.A.D.E für Gemeinschaft, Nachfolge, Anbetung, Dienst und Evangelisation/Echo.

drastisch dekonstruiert hat.[28] Was bedeutet es, wenn wir dennoch bei Kirche von „Familie" reden und welche Konsequenzen hat das?

- **Nachfolge:** Wenn Kirche eine Lerngemeinschaft rund um Jesus ist, dann stellt sich die Frage: Was sind die Inhalte des Lernens? Von „welchem Jesus" lernen wir? Einem frommen Idealisten, einem subtilen Revolutionär, einem verklärten Gottessohn oder einem spirituellen Heiler? Die Vorstellung, „einfach Jesus zu folgen", erweist sich bei genauerem Hinsehen als naiv. Eine ebenso komplexe Frage schließt sich an: Was genau war die Botschaft von Jesus? Wie radikal war er? Und was ist für die heutige Zeit übertragbar?[29]

- **Anbetung:** Wenn Kirche ein Raum der Anbetung ist, stellt sich die Frage: Welcher Gott wird angebetet? Inzwischen wird auch der christliche Glaube zusätzlich zur verbleibenden Volksfrömmigkeit von vielfältigen Einflüssen aus Buddhismus oder esoterischen Anschauungen überlagert, sodass das Wort „Gott" längst schillernd geworden ist. Wen reden wir an, wenn wir beten? Was meinen wir, wenn wir „beten" sagen? Ist es eine Form von Selbstbesinnung, ein

---

[28] *„Und das Volk saß um ihn. Und sie sprachen zu ihm: Siehe, deine Mutter und deine Brüder und deine Schwestern draußen fragen nach dir. Und er antwortete ihnen und sprach: Wer ist meine Mutter und meine Brüder? Und er sah ringsum auf die, die um ihn im Kreise saßen, und sprach: Siehe, das ist meine Mutter und das sind meine Brüder! Denn wer Gottes Willen tut, der ist mein Bruder und meine Schwester und meine Mutter."* (Mk.3,32-35 LUT)

[29] Die Frage, wer Jesus genau war, was seine Botschaft exakt ausmachte und was davon übertragbar ist, lässt sich nicht abschließend beantworten. Die historischen Dokumente eröffnen verschiedene Perspektiven, die in der Kirchengeschichte unterschiedlich akzentuiert wurden. Wichtig ist es, in einem beständigen Diskurs über die Person Jesus zu bleiben und die eigene Deutung seiner Person zu reflektieren. Einen guten Einblick in die Spannbreite möglicher Interpretationen geben die sehr unterschiedlichen Bücher von Hans Küng und Josef Ratzinger. Küng nähert sich der Person des Jesus von Nazareth über den historischen und archäologischen Forschungsstand, während Ratzinger versucht, Jesus so darzustellen, wie er als Auferstandener von der frühchristlichen Kirche verkündigt wurde.

Gespräch, ein inneres Hören oder eine vorgetragene Liste von Bitten an das Universum?

- **Dienst:** Wenn Kirche auch Dienstgemeinschaft ist, stellt sich die Frage: Was bedeutet „dienen"? Geht es um fromme Selbstverausgabung, um organisiertes Almosengeben, um die Bereitschaft, sich stillschweigend ausnutzen zu lassen, um eine alles durchdringende Unterwürfigkeit oder um eine befreite Lebenseinstellung in Bezug auf Machtspiele? Auch hier muss also präzisiert werden, was der Inhalt des Auftrags ist. Die bloße Verwendung von frommen Begriffen kann allzu leicht verschleiern, dass die eigentliche Frage noch gar nicht beantwortet wurde.
- **Evangelisation:** Wenn Kirche die Aufgabe hat, „das Evangelium" - die Gute Nachricht von Jesus Christus - zu verkündigen, stellt sich die Frage: Was ist diese gute Nachricht? Meint es die Rettung meiner Seele, die Vergebung von Sünden, nur eine „billige Gnade ohne Konsequenzen" oder auch eine gerechtere Wirtschaftsordnung und ein wachsendes ökologisches Bewusstsein? Hat das „Evangelium" gesellschaftliche und politische Implikationen oder ist es eine individualistische Erbauungsbotschaft? Gerade in diesem Bereich bemerken wir, wie bedeutsam die vorangegangene Reflexion über die zugrundeliegenden Weltanschauungen ist.

Rekapitulieren wir: Die Absicht des biblischen Gottes besteht darin, unsere brüchige Welt entlang eines gerichteten Zeitverlaufs zu einem universalen, kosmischen Schalom zu führen. Träger dieser Botschaft ist „die Kirche". Ausgehend von diesem Leitgedanken untergliedern wir nun diesen Generalauftrag in drei Unterbereiche, um die elementaren Bestandteile des christlichen Auftrags noch deutlicher hervortreten zu lassen. Wir orientieren uns dabei an den Ausführungen des holländischen Missionswissenschaftlers *Johannes C. Hoekendijk*[30] und der ergänzenden Erläuterung von *Harvey Cox*[31], die ich als besonders treffend empfinde. Hoekendijk spricht von Kerygma, Koinonia und Diakonia. Diese drei griechischen Begriffe werden nachfolgend genauer erläutert und mit der biblischen Trias: Glaube, Liebe, Hoffnung und den großen philosophischen Kategorien: das Schöne, das Wahre und das Gute in Verbindung gebracht.

1) Kerygma - Schöner glauben

Das griechische Wort „kerygma" wird üblicherweise mit „Verkündigung" übersetzt. Allerdings verschiebt die Vorsilbe „ver" die Bedeutung ähnlich wie bei „laufen" zu „verlaufen". Streicht man das „ver" weg, landet man bei „Kündigung". Auch das weist in die falsche Richtung. Treffender müsste man von „Kündung" sprechen im Sinne von einer Ankündigung. Es geht um eine Botschaft, die eine Ansage-Funktion hat. Eine Durchsage, eine Mitteilung über etwas, auf das ich selbst keinen Einfluss habe. Ich kann es nur zur Kenntnis nehmen und mich dazu verhalten.

Diese Anfangsüberlegungen sind ausgesprochen bedeutsam, um den Kern der christlichen Botschaft zu verstehen. Wir haben es nicht mit einer Aufforderung zu tun. Es ist auch kein religiöser Entwurf, keine philosophische Behauptung oder psychologische Wunschvorstellung. Der innerste Inhalt ist keine Anleitung zur ethischen Selbstverbesserung. Es ist kein Appell an den ge-

---

[30] Johann Christian Hoekendijk geht von dem Grundgedanken des kommenden und erwarteten Schalom Gottes aus. Abgeleitet davon nennt er die drei zentralen Gestaltungs- und Handlungsfelder von Kirche: Kerygma, Koinonia und Diakonia. Vgl. Hoekendijk, Die Zukunft der Kirche oder die Kirche der Zukunft, 120.

[31] Harvex Coy nimmt die Linie von Johannes C. Hoekendijk auf und verlängert sie in Richtung von „Dämonenaustreibung". Gemeint ist eine Art von Kirche, die ideologische Irrwege und subtile Vergötzungsdynamiken aufdeckt. Vgl. Cox, Stadt ohne Gott?, 166-180.

sunden Menschenverstand und auch kein ausgefeiltes Konzept, Menschen zu religiösen Höchstleistungen anzuspornen. Viele mag das verwirren, weil sie anders geprägt wurden.

Zum besseren Verständnis: In unserer Denkkultur unterscheiden wir den Zeitverlauf in Vergangenheit, Gegenwart und Zukunft. Hebräisches Zeitempfinden ist dagegen geprägt von Geschehnissen, die entweder noch im Fluss oder bereits abgeschlossen sind. Es kann demnach sein, dass etwas in der Vergangenheit stattfand, was von dort bereits abschließend in die Zukunft hineingewirkt hat. Auf dieser Grundlage können wir das Ende bereits voraussehen. Der Zielpunkt der Zukunft ist dann bereits in einem vergangenen Geschehen enthalten. Ebenso können wir uns eine abgeschlossene Handlung im noch Kommenden vorstellen: „Etwas wird gewesen sein." In der deutschen Sprache heißt diese Zeitform Futur II oder Futur Perfekt.

Wenden wir das auf unsere Inhalte an. Die christliche Kündung lautet: In Christus ist etwas von kosmischer Bedeutung unverrückbar geschehen. Etwas Letztgültiges inmitten der fließenden Zeit. Das Ende wurde vorweggenommen. Dieses Ereignis liegt zwar nach unserem Zeitempfinden in der Vergangenheit, bringt aber eine Entwicklung, die bis in die Zukunft hineinreicht zum Abschluss. Wenn wir nun „im Glauben" zurückschauen auf Christus, blicken wir damit zugleich voraus in unsere gemeinsame, von Gott selbst zugesicherte Zukunft.

Betrachten wir das Ganze aus einem anderen Blickwinkel: Bei einer normalen Bewegung schauen unsere Augen nach vorne. Unser inneres Bewusstsein erlebt das jedoch umgekehrt. Wir gehen rückwärts durch die Zeit. Teilweise kommt das noch in unserer Sprache zum Ausdruck, wenn wir von Vorfahren oder Vorgeschichte sprechen. Das äußere Hinten ist das innere Vorne. Die Vergangenheit liegt offen vor unserem inneren Auge, die Zukunft liegt hinter uns. Wegen dieser mangelnden Einsehbarkeit hat Zukünftiges etwas tendenziell Bedrohliches an sich.

Der Glaube an Christus ist wie ein „Rückspiegel in die Zukunft". Indem wir auf das Vergangene sehen, auf das, was in seinem Leben, Sterben und Auferstehen geschehen ist, bekommen wir einen Einblick in das Ende der Zeit. In Christus ist bereits alles Todbringende überwunden. In Christus ist die zerrissene Beziehung zum Schöpfer geheilt. In Christus wird unser Leben rundum erneuert. In Christus ist das neue Leben anwesend. All dieses ist eine Mitteilung, eine unkaputtbar gute Botschaft.

Natürlich würden kritische Stimmen sofort einwenden: Wo wird das sichtbar? Zunächst aber müssen wir die Grundaussage verstehen. Es ist von elementarer Bedeutung, dass der christliche Glaube nicht mit einem „TUN", sondern mit einem „GETAN" beginnt. *Watchman Nee* illustriert das anhand des Epheserbriefes des Paulus mit dem Dreiklang „sitze, wandle, stehe".[32] Gemeint ist: Zuallererst „sitzen" wir in dem „Es ist vollbracht!"[33] und verankern unsere Identität dort, dann erst folgt ein entsprechender Lebenswandel und als drittes eine robuste Standfestigkeit gegenüber destruktiven Einflüssen.

Was bedeutet das für den Auftrag von christlichen Gemeinden bzw. für Kirchen?

- Kirche erfindet keine Botschaft und versucht diese dann als „neues Konzept" unter das Volk zu bringen. Das qualitativ unüberbietbar Neue ist bereits im Leben, Sterben und Auferstehen von Jesus „enthalten". Kirche ist ein Echo und ein Resonanzraum des Christus-Ereignisses. Die Aufgabe ist, diesen Klang möglichst klar wiederzugeben.
- Auch wenn der Inhalt der Botschaft Ansagecharakter hat, braucht es sprachliche Modulierungen. Eine Botschaft er-

---

[32] Nee, Sitze wandle stehe, 10–73.

[33] *„Als nun Jesus den Essig genommen hatte, sprach er: Es ist vollbracht!, und neigte das Haupt und verschied."* (Joh.19,30 LUT)

reicht nur seine Empfänger, wenn sie verständlich trans-
portiert wird. Kirche hat die Aufgabe, die Nachricht von
Christus in sprachlicher und kultureller Schönheit zu ak-
tualisieren.

- Der Klang des Evangeliums - die Leuchtkraft[34] oder der
Duft[35], je nachdem welches Bild man bevorzugt - hat kein
aufdringliches Auftreten. Es geht um „bezeugen", nicht um
„überzeugen". Es geht um „einladen", nicht um „bedrän-
gen". Kirche ist kein moralisierender Ethikverein.

- Der Horizont der inhaltlichen Einzelaussagen ist die Auf-
richtung des göttlichen Schalom in Erwartung des perso-
nalen Du-Messias. Bei aller Bezogenheit auf Christus geht es
aber nicht um die Verteidigung einer „Jesus-Ikone". Die
Person von Jesus ist weder Besitztum der Kirche noch eine
christliche Handelsware. Der Auferstandene verweigert sich
jeder Vereinnahmung.

2) Koinonia - Wahrer lieben

Kerygma braucht Veranschaulichung. Glaube ohne Liebe bleibt
leer und abstrakt. Verkündigung ist kein isoliert verbales Geschehen. Es geht nicht um fromme Worte oder um die Ausfüh-
rung von klugen Gedanken in einem religiösen Sonntags-Biotop.

Beginnen wir zunächst wieder mit einer Begriffsklärung: „Koinonia" meint eine Form von Beziehungen, die nicht vorrangig
von Sympathie geleitet sind. Es ist eine innere Verbundenheit
jenseits von verwandtschaftlichen Bezügen und egozentrierten

---

[34] *"Von uns allen wurde der Schleier weggenommen, sodass wir die Herrlichkeit des
Herrn wie in einem Spiegel sehen können. Und der Geist des Herrn wirkt in uns, sodass wir ihm immer ähnlicher werden und immer stärker seine Herrlichkeit widerspie-
geln."* (2.Kor.3,18 NLB)

[35] *"Ja, weil Christus in uns lebt, sind wir zur Ehre Gottes ein Wohlgeruch, der sowohl
zu denen dringt, die gerettet werden, als auch zu denen, die verloren gehen."*
(2.Kor.2,15 NGÜ)

Wünschen. Gemeint ist Teilhabe an einem größeren Ganzen. Biblisch wird von der „Koinonia des Heiligen Geistes"[36] gesprochen. Durch das Wirken des Jesus-Geistes werden unterschiedliche Menschen miteinander zu einer spirituellen Solidargemeinschaft verbunden und tief in Gott verankert.

Kirche ist keine religiöse Interessengemeinschaft zur Pflege des christlichen Kulturgutes. Im Gegenteil: Sie hat den Auftrag, zeichenhaft den kommenden Schalom zu verkörpern und bestmöglich sichtbar zu machen.[37] Es geht darum, die Zersplitterung der Menschheit in Rassen, Klassen, Kulturen, Geschlechter, Altersgruppen und religiöse Zugehörigkeiten zu überwinden. Gemeint ist nicht Vereinheitlichung, sondern Versöhnung. Trennende Zäune werden aufgebrochen. Vorurteile werden dekonstruiert und gesellschaftliche Konventionen, die andere ausgrenzen, auf den Prüfstand gestellt.

Kirche ist ein Ort, an dem alle Teilhaber*innen werden und sich auf Augenhöhe begegnen. Dabei ist Folgendes wichtig: Weder geht es um eine Betonung des Ich, noch um eine Betonung des Wir. Würde das Ich im Zentrum stehen, hätten wir es mit einer Ansammlung von frommen Individualisten zu tun, die gleichermaßen danach trachten, Gottes Segnungen für die eigene Glücksmaximierung zu missbrauchen. Würde das Wir im Zentrum stehen, hätten wir eine religiöse Variante von „Unterordnung unter das Kollektiv", also einem frommen Gruppendruck, der eine fügsame Einordnung in das Bestehende erwartet.

---

[36] *"Die Gnade unseres Herrn Jesus Christus und die Liebe Gottes und die Gemeinschaft des Heiligen Geistes sei mit euch allen!"* (2.Kor.13,13 LUT)

[37] *„Die Koinonia manifestiert den Schalom, macht ihn sichtbar, wie er unter Menschen gegenwärtig ist. Aber sie ist auf die immerwährende Erinnerung durch das Kerygma angewiesen, um den Schalom Heil des Messias sein zu lassen; und die Diakonia muß Sorge dafür tragen, daß der Schalom nicht in selbstgenügsamer Weise in Anspruch genommen wird."* Hoekendijk, Die Zukunft der Kirche und die Kirche der Zukunft, 101.

Deswegen: Kirche als „Gemeinschaft der Freiheit" ist am Du orientiert. Eine solche Gemeinschaft spürt, sobald Mitmenschen zu einem Es, einem bloßen religiösen Adressaten entleert werden, anstatt ein echtes Gegenüber zu sein. Der oder die andere droht zu einem Ding abgewertet zu werden, das mir nützlich sein soll und für mein psychisches Universum instrumentalisiert wird. Ein echtes Du weist immer eine Andersartigkeit zu meinem Ich auf.[38] Eine Gemeinschaft der Freiheit ist keine klebrige Vereinheitlichung, sondern sie bejaht eine gewisse Form von Distanz, Differenz und Dissonanz. Das Fremde wird dabei nicht als bedrohlich, sondern als bereichernd erlebt.[39]

Im Neuen Testament finden wir eine Reihe von Bibelstellen, die das Wort „einander" beinhalten.[40] Immer geht es um Handlungen, die in einer gegenseitigen Bezogenheit vollführt werden: Einander annehmen, einander vergeben, einander trösten oder einander die Schuld bekennen. Die Andersheit des Du zu betonen, meint keine desinteressierte Abgrenzung. Auch geht es nicht um eine bedrohliche Gegenüberstellung. Vielmehr geht es u m eine wechselseitige Bezogenheit, um Relationen zwischen Verschiedenem. Christus steht währenddessen unsichtbar zwi-

---

[38] Das Denken des Philosophen Emanuel Levinas kreist um „den Anderen". Die Andersartigkeit des Anderen ist nötig, damit das „Ich" zu sich selbst finden kann. Vgl. Gelhard, Levinas, 25-37.

[39] Es gibt eine lange theologische Reflexionsgeschichte, wie der eine Gott in Dreiheit gedacht werden kann. Der aus meiner Sicht interessanteste Ansatz verbindet sich mit dem Begriff „Perichorese". Es meint eine in sich verflochtene, tanzende Verschränkung. Weder ist es eine Vermischung noch eine Verklumpung. In der Dynamik der Trinität wird die Andersartigkeit des Anderen in Liebe anerkannt und bestärkt. Vgl. Sorc, Entwurf einer perichoretischen Theologie.

[40] Im Neuen Testament werden in Kombination mit dem Begriff „einander" mehr als fünfzig verschiedene Tätigkeiten genannt. Einige Beispiele: einander von Herzen vergeben (Mt.18,35), einander lieben (Joh.13,34), einander annehmen (Röm.15,7), sich einander unterordnen (Eph.5,21), einander nicht verleumden (Jak.4,11), einander die Sünden bekennen (Jak.5,16) und einander dienen (1.Petr.4,10).

schen den Gruppenteilnehmer*innen, so dass diese nicht zu Feinden und gegenseitigen Anklägern werden können.

Wenden wir diese Gedanken auf die Vorstellung vom Reich Gottes an: Wie schon zuvor ausgeführt, wurde es häufig individualistisch als „innere Glaubenswirklichkeit" gedeutet.[41] Vom biblischen Wortlaut müsste es aber eher als „mitten unter" übersetzt werden.[42] Stellen wir uns das so vor: Bei jeder Interaktion zwischen Menschen gibt es einen physischen und psychischen Zwischenraum, einen Abstand oder eine Kluft. Kommunikation ist Überbrückung.[43] Um das zu erreichen treten die Beteiligten „aus sich heraus", geben sich zu erkennen und „äußern" sich. Sie treffen sich gewissermaßen mittig in diesem Zwischenraum. Dort empfängt sie Christus als unsichtbarer Gastgeber. Wir sehen den anderen mit den Augen Christi und unter seiner Anleitung. Auf diese Weise entsteht eine geheilte Wahrnehmung, ein geistliches Erkennen und eine neue Verbundenheit.

Das Reich Gottes ist ein Raum der Du-Wahrnehmung. Ich lerne, von mir abzusehen und mich auf den anderen einzulassen. Der andere wird von mir nicht übergriffig missbraucht, unterdrückt oder in irgendeiner Weise abgewertet. Meine eigene Identität ruht ja im „Es ist vollbracht!" des Christusgeschehens. Ich muss den anderen nicht erniedrigen, um selbst bedeutsamer zu werden. Damit dieses gelingt, braucht eine Koinonia-Gemeinschaft die regelmäßige Vergewisserung im Kerygma.

---

[41] In früheren Lutherübersetzungen wurde die griechische Begrifflichkeit nicht mit „mitten unter", sondern mit „inwendig in euch" übersetzt. Dadurch wurde die Tendenz verstärkt, die neue Welt Gottes als bloß inneren Glaubensvorgang zu deuten.

[42] *„Als er aber von den Pharisäern gefragt wurde: Wann kommt das Reich Gottes?, antwortete er ihnen und sprach: Das Reich Gottes kommt nicht so, dass man's beobachten kann; man wird auch nicht sagen: Siehe, hier ist es!, oder: Da ist es! Denn siehe, das Reich Gottes ist mitten unter euch."* (Lk.17,20.21 LUT)

[43] Eine Interpretation ist eine Hinüber-Setzung in einem Zwischenraum: Eine Botschaft muss von dem Sender zum Empfänger über die dazwischen liegende Kluft gesetzt werden.

Fassen wir zusammen, was das für den Auftrag von Kirche beinhaltet:

- Kirche gründet sich in einem Geschehen, das aus der Vergangenheit kommend weit über sie selbst hinausweist. Dabei wird das Kerygma nicht nur „proklamiert", sondern durch eine neue Art des Umgangs (Koinonia) präsent und sichtbar gemacht. Eine derartig soziale Form von christlicher Gemeinschaft macht die verbale Botschaft erst glaubwürdig.
- Gemeinde ist das Übungsfeld für den zukünftigen Schalom. Wahrheit bekommt eine gesellschaftliche Gestalt und wird zur Wahrhaftigkeit im gegenseitigen Umgang. Wer bei der Formierung von Kirche mit Drinnen-Draußen-Mustern arbeitet und Grenzen aufrichtet, untergräbt die Bemühungen um den Schalom.
- Christliche Gemeinschaft lebt in der Welt, weil die Welt der Empfänger der Heilung sein soll. Sie schottet sich nicht mit der Absicht ab, eine „größere Reinheit" zu gewährleisten. Stattdessen integriert sie sich katalytisch in alle weltlichen Bezüge, bleibt Gottes Zukunft verpflichtet und lebt voll Hoffnung „im Anbruch des kommenden Tages".[44]

3) Diakonia - Besser hoffen

Es geht um einen Dreiklang: (1) Kerygma als Ansage einer leuchtend-schönen Geschichte der Erneuerung und Befreiung, (2) Koinonia als wahrhaftiger Umgang in einer spirituellen Lerngemeinschaft und (3) Diakonia als heilend-gute Wirkung auf die Umgebung gehören zusammen. Proklamation, Präsenz und De-

---

[44] *"Die Nacht geht zu Ende, bald bricht der Tag an. Darum wollen wir uns von allem trennen, was man im Dunkeln tut, und die Waffen des Lichts ergreifen. Lasst uns ein einwandfreies Leben führen, mit dem wir im Licht des Tages bestehen können, ein Leben ohne Schlemmen und Saufen, ohne sexuelle Ausschweifung und ohne Streit und Rechthaberei."* (Röm.13,12.13 NGÜ)

monstration. Kirche hat nicht nur eine Botschaft. Sie ist die Botschaft derart, wie sie redet, wie sie mit Besitz umgeht, wie sie handelt und wofür sie sich einsetzt.

Zunächst zum Begriff: Ein „Diakonos" ist ein Tischdiener. Er ist nicht Gastgeber, sondern vollführt Hilfsdienste. In einer Kultur der Gastfreundschaft wurden Kontakte durch gemeinsames Essen intensiviert. Deswegen ging es bei diesem Dienst nicht allein um das bloße Essen, sondern um die Ermöglichung von Gemeinschaft, von Begegnung und Vertiefung von Freundschaften.

Jesus hat zu seinen Jüngern gesagt: *„Ich bin unter euch wie ein Diener".*[45] Verdeutlicht hat er dies, indem er ihnen persönlich die Füße wusch.[46] Bei dieser Handlung ging es um die Reinigung vom täglichen Schmutz der Straße. Dabei kniete Jesus. Er sah nicht von oben herab, machte keine abfälligen Bemerkungen und gab keine Anweisung. Sein äußerlich sichtbares Tun verkörperte seine innere Haltung.

Später entwickelte sich aus dem Begriff „Diakon" ein Leitungsamt. Die Verteilung des Essens wurde organisiert. Die Verwaltung von anderen praktischen Diensten kam dazu. In heutiger Zeit ist „Diakonie" (lateinisch: Caritas) vielfach ein wirtschaftlich geführter Arbeitszweig im kirchlichen Rahmen.

Bereits 1966 schrieb *Johannes C. Hoekendijk*: „Die Klerikalisierung der Diakonie hat sie zu einem Dienst ohne Solidarität gemacht, hat sie entleert zur Philanthropie[47], zum Almosengeben und zu karitativen Gesten. Der „Arme" ist nicht Partner geblieben - geschweige denn Sakrament -, sondern erniedrigt zum Ob-

---

[45] *"Denn wer ist größer: der zu Tisch sitzt oder der dient? Ist's nicht der, der zu Tisch sitzt? Ich aber bin unter euch wie ein Diener."* (Lk.22,27 LUT)

[46] *"Danach goss er Wasser in ein Becken, fing an, den Jüngern die Füße zu waschen, und trocknete sie mit dem Schurz, mit dem er umgürtet war."* (Joh.13,5 LUT)

[47] Der Begriff „Philanthropie" kommt aus dem Griechischen und ist eine Kombination aus „Freund" und „Mensch". Er bezeichnet ein allgemein menschenfreundliches Denken und Verhalten. In diesem Zusammenhang wird er von Hoekendijk negativ im Sinne von „bloßer Betroffenheit" verwendet.

jekt der Liebestätigkeit [...] Der „Arme" wurde unterstützt, nicht angenommen. Viel Mitleid, aber wenig Respekt."[48]

Gehen wir gedanklich noch einmal zurück: Jesus stellte das Gebot der Nächstenliebe dem der Gottesliebe gleich. Die Gebote an sich waren nicht neu, aber die Gleichstellung ließ aufhorchen. Letztendlich sagte Jesus damit: Eine kultische Gottesverehrung - welcher Art auch immer - ist unbedeutend, sofern sie sich nicht in humanen Handlungen äußert.[49] Mehr noch: Das menschliche Bemühen um einen geheilten Umgang ist Voraussetzung, damit Gott unsere Verehrung annimmt.[50] Das stellte die üblichen religiösen Muster auf den Kopf.

Etwas Ähnliches können wir bei dem Begriff der „Nächstenliebe" beobachten. Das Judentum verstand unter „meinem Nächsten", den Volksgenossen oder enger gefasst die Familienangehörigen. Um das zu verdeutlichen, stellen wir uns eine systemische Aufstellung der beteiligten Personen vor: Die eigene Person steht in der Mitte und um einen herum befinden sich die Menschen, zu denen man engere Beziehungen pflegt. Die Nächsten sind dann im wahrsten Sinne diejenigen, denen ich räumlich nahe stehe. Es sind Personen in meiner familiären, kulturellen

---

[48] Hoekendijk, Die Zukunft der Kirche und die Kirche der Zukunft, 164-165. Leonardo Boff spricht von einer Kirche, die nicht bloß für die Armen da ist und damit letztendlich gesellschaftliche Ungerechtigkeit trotz guter Absichten stabilisiert, sondern von einer Kirche mit und aus der Erfahrung der Armen. Vgl. Boff, Kirche: Charisma und Macht, 23.

[49] Gedanklich verlängert heißt das: Jegliche Gottessuche, die sich nicht hilfreich sozial auswirkt, ist selbstbezogen und letztendlich „religiöser Leerlauf". Zu Beginn des 20. Jahrhunderts formierte sich eine Bewegung, die später „Social Gospel" genannt wurde. Betont wird, dass das Evangelium von Jesus Christus keine fromme Theorie ist, sondern sich in gerechteren Sozialstrukturen niederschlagen müsse. Vgl. Rauschenbusch, Christianity and the Social Crisis in the 21th Century.

[50] *„Darum: wenn du deine Gabe auf dem Altar opferst und dort kommt dir in den Sinn, dass dein Bruder etwas gegen dich hat, so lass dort vor dem Altar deine Gabe und geh zuerst hin und versöhne dich mit deinem Bruder, und dann komm und opfere deine Gabe."* (Mt.5,23.24 LUT)

oder religiösen Umgebung. Denen bin ich durch das Gebot verpflichtet. So war es üblich.

Als Jesus auf die Frage „Wer ist mein Nächster?" antwortete, erzählte er die Geschichte vom „Barmherzigen Samariter". Die Pointe ist: Jesus vertrat kein statisch, in konzentrischen Kreisen angeordnetes Nächstenverständnis, sondern forderte dazu auf, fremden Menschen *zum Nächsten* zu werden.[51] Es geht um eine dynamische Zuwendung, um ein Zugehen auf Einzelne, die sich gewöhnlich außerhalb meines unmittelbaren Beziehungsumfeldes aufhalten.

Wenn in der Bibel von „Gottes Freundlichkeit", seiner Gnade, Barmherzigkeit, Liebe oder Güte gesprochen wird, dann meint es genau das: Gott macht uns zu seinen Nächsten, er kommt auf uns zu, ohne zu wissen, ob wir offen oder abweisend reagieren werden. In der Gestalt von Jesus tritt er aus sich heraus, äußert sich, zeigt sein Gesicht und wendet sich uns zu. Indem er uns ansieht, bekommen wir Ansehen.

Mit diesen Überlegungen befinden wir uns in der Atmosphäre von wahrer „Diakonia". Biblische Diakonie macht Menschen nicht zu Hilfsempfängern oder Betreuten, sondern richtet sie auf und bringt sie auf Augenhöhe. Damit ist „Diakonia" viel mehr als eine Liste von Unterstützungsdiensten oder Gutes-Tun-Aktionen. Es ist gelebter Schalom durch eine an Christus orientierte Gemeinschaft. Es ist eine heilende und segnende Wirkung über „Kirche" hinaus. Diese Heilkraft berührt einzelne Menschen, verändert aber auch gesellschaftliche Strukturen.

Was heißt das für „Kirche"? Sie muss mit offenen Augen durch ihre Stadt gehen und die spirituellen, psychischen und sozialen Wunden wahrnehmen. Woran leiden Menschen? Wo mangelt es an gesellschaftlicher Gerechtigkeit? In welchen Bereichen geschieht Ausgrenzung und Zerbrochenheit? Wo ist Spal-

---

[51] *„Wer von diesen dreien, meinst du, ist der Nächste gewesen dem, der unter die Räuber gefallen war?"* (Lk.10,36 LUT)

tung, Zerriss und Isolation? Woran entzünden sich Hass, Feindschaft, Wut, Enttäuschung, Zynismus oder Depression?[52]

Die Aufgabe der „Diakonia" beinhaltet Heilkraft und Versöhnungswirken.[53] Sie überbrückt Gräben und stellt soziale Gesundheit her. Auseinander gebrochene Teile werden wieder in eine konstruktive Wechselwirkung geführt. Es ist ein Amt der Verständigung. *Harvey Cox* ergänzt den Gedanken von der berührend, versöhnenden Heilwirkung durch den der „Dämonenaustreibung".[54] Unter Dämonen versteht er nicht mythologische Figuren, sondern all die Kräfte, die Menschen von sich selbst entfremden und zu Gesteuerten machen. Kirche hat demnach die Aufgabe, manipulierende Ideologien zu entlarven, auf ausbeuterische Organisationsformen hinzuweisen und damit die Welt humaner zu machen.

Zugespitzt formuliert können wir Folgendes festhalten:

• Der Inhalt des christlichen Dienstes erwächst aus dem von uns aktiv erwarteten, auf uns zukommenden, heilenden Schalom. Es ist der Schalom, der von Gott verheißen ist und im Kerygma angekündigt wird. In der Erwartung dieser umfassenden Wohlordnung handelt die Kirche in dieser Welt und gibt ihrer Hoffnung Hände und Füße.

---

[52] Cornel West, einer der bedeutendsten zeitgenössischen Philosophen in den USA, spricht von einem prophetischen Pragmatismus. Es geht um die Sichtbarmachung von Leiden und ein humaneres Zusammenleben. In seinen Reflexionen werden an Jesus orientierte Werte auf gesellschaftspolitische Konfliktfeldern angewendet. Für eine deutschsprachige Einführung in das Denken von Cornel West: Vgl. Manemann, Prophetischer Pragmatismus.

[53] Miroslav Volf, eine der führenden theologischen Stimmen weltweit, erläutert vor dem Hintergrund seiner Kriegserlebnisse in Kroatien, warum und wie Versöhnungshandeln zu einer christlichen Identität dazu gehört. Vgl. Volf, Von der Ausgrenzung zur Umarmung, 181-191.

[54] Harvey Cox spricht von „Kirche" als „kultureller Exorzist". Vgl. Cox, Stadt ohne Gott?, 166.

- „Diakonia" betont das Tun des Guten und Gerechten.[55] Es ist kein bloßes Mitempfinden, Erleben oder Beteuern, sondern ein Handeln in Bezug auf „den anderen". Biblische Liebe ist konkret sichtbarer Dienst und der Einsatz für soziale Gerechtigkeit. Es ist ein interaktives Geschehen der Wiederherstellung und Mitbeteiligung.

- Die Qualität einer christlichen Gemeinschaft erkennt man nicht daran, wie reichhaltig ihr kultisches Innenleben ist, sondern als wie heilsam ihre Wirkung aus der Perspektive des sie umgebenden Kontextes wahrgenommen wird. Kirchen haben die Aufgabe, in ihrem Umfeld Hoffnung auszustrahlen, Einsatzbereitschaft für das Gute zu fördern und die Vision von einer geheilten und gerechteren Gesellschaft wach zu halten.

4) Das Zeitalter des Geistes

Am Ende dieses dritten inhaltlichen Rundgangs führen wir uns noch einmal die klassisch verwendeten Begriffe vor Augen und gleichen sie mit unseren Überlegungen ab. Erst dann können wir daraus die Aufgabe einer einzelnen Person im Rahmen von Gottes Mission ableiten.

Vielerorts werden die Außenaktivitäten von „Kirche" unter dem Begriff „der große Missionsauftrag" summiert.[56] Anschlie-

---

[55] Dietrich Bonhoeffer schreibt in „Gedanken zum Tauftag von D.W.R. Mai 1944": *„… unser Christsein wird heute nur in zweierlei bestehen: im Beten und im Tun des Gerechten unter den Menschen. Alles Denken, Reden und Organisieren in den Dingen des Christseins muss neugeboren werden aus diesem Beten und aus diesem Tun."* Bonhoeffer, Widerstand und Ergebung, 152-153. Zum Stichwort „Religionsloses Christein" vergleiche auch: Kuske, Weltliches Christsein.

[56] Gewöhnlich wird dabei auf die letzten Verse im Matthäusevangelium Bezug genommen: *"Darum gehet hin und machet zu Jüngern alle Völker: Taufet sie auf den Namen des Vaters und des Sohnes und des Heiligen Geistes und lehret sie halten alles, was ich euch befohlen habe. Und siehe, ich bin bei euch alle Tage bis an der Welt Ende."* (Mt.28,19.20 LUT)

ßend wird der Bereich „Mission" in Evangelisation und Diakonie unterteilt. Eigentlich ist „Evangelisation" aber ein christliches Kunstwort und lässt sich so nicht in der Bibel finden. Abgeleitet wird es von „das ‚euangelion' verbreiten", wobei „Eu-Angelion" direkt übersetzt eine öffentlich ausgesprochene „Gute Botschaft" bedeutet.

Was meint „Evangelisation" heute? Vereinfacht gesagt geht es um das verbale Hinwirken zur Bekehrung von einzelnen. Dass wir es hierbei mit einer irreführenden Verengung der Begrifflichkeiten zu tun haben, dürfte schon deutlich geworden sein. Kirchengeschichtlich kam es bei theologischen Diskussionen oftmals zu Polarisierungen und der Frage, welches von beidem - Evangelisation oder Diakonie - wichtiger wäre. Es gab sogar Kombinationen wie „evangelistische Diakonie", was letztendlich das diakonische Handeln manipulativ und damit unglaubwürdig machte, als auch „diakonische Evangelisation", wodurch sich die Christusbotschaft auf eine Aneinanderreihung von Gutes-Tun-Aktionen reduzierte.[57]

Diese unsinnige Gegenüberstellung und schlussendliche Verzerrung ergab sich aus einem verfehlten Grundansatz: Wie wir bereits ausgeführt haben, *hat* Kirche nicht einen Auftrag, sondern *verkörpert ihn*. Sie missioniert nicht, sondern wird missioniert. Sie sendet nicht, sondern ist die Gesandte. Das bedeutet: Die gesamte Gestaltung von Kirche, ihre soziale Erscheinungsform, ihre psychologische Binnendynamik, ihr Gebrauch von Sprache, ihr öffentliches Auftreten, ihr gesellschaftliches und ökologisches Engagement, ihr Umgang mit Konflikten, ihre Bildung einer Gruppenidentität, ihre Leitungs- und Versamm-

---

[57] Eine differenzierte Darstellung des Verhältnisses von Verkündigung und sozialer Aktion in weltweiten evangelikalen Strömungen findet sich in der Dissertation von Erhard Berneburg. Vgl. Berneburg, Das Verhältnis von Verkündigung und sozialer Aktion in der evangelikalen Missionstheorie.

lungsstruktur - all das *ist* die Botschaft und ein Ausdruck der Sendung.

Umgekehrt heißt das: Keine Handlung oder verbale Äußerung kann isoliert vom Rest betrachtet werden. Es ist widersprüchlich, auf der einen Seite ein sprachlich „reines Evangelium" verkündigen zu wollen, auf der anderen Seite aber einen bissigen und richtenden Umgangsstil in der Beziehungskultur zu pflegen. Es gibt keine isoliert zeitliche Wahrheit abgelöst von der sozialen Trägergemeinschaft.

Innere Widersprüche zwischen Kerygma, Koinonia und Diakonia verdunkeln die eigentliche Botschaft. Es braucht ein integrales Verständnis. Erst in gegenseitiger Synergie nimmt die Sendung leuchtende Gestalt an. Nur so wird Gemeinde zu einem durch die Zeit wandernden Beziehungsraum von Glaube, Liebe und Hoffnung. Es ist ein gemeinsames Streben nach dem Schönen, dem Wahren und dem Guten.

Bereits im Hochmittelalter unternahm der Gelehrte und Mönch Joachim von Fiore den kühnen Versuch, die Geschichte Gottes mit den Menschen in ein Zeitalter des „Vaters", eines des „Sohnes" und eines des „Geistes" einzuteilen.[58] Als Zeitalter des Vaters galt das Alte Testament, als Zeitalter des Sohnes das Neue Testament und als Zeitalter des Geistes die Epoche, in der sich die Kirche ausbreitet.[59]

---

[58] Joachim von Fiore, Abt und Ordensgründer im 12. Jahrhundert, entwickelte eine Geschichtstheologie, in der auf die Zeitalter des Vaters (Altes Testament) und des Sohnes (Neues Testament) ein Zeitalter des Geistes folgen würde. Die weitreichenden Folgen für das abendländische Weltbild werden von Karl Löwith ausgeführt. Vgl. Löwith, Weltgeschichte und Heilsgeschehen, 166-172. Auch Gianni Vattimo nimmt Bezug auf Joachim von Fiore. Vgl. Vattimo, Jenseits des Christentums, 40-58.

[59] Joachim von Fiore erwartete fälschlicherweise den Anbruch des Geist-Zeitalters ab 1260 n.Chr.. Er selbst starb bereits 1202 n.Chr.. Auch wenn Joachim von Fiore sich täuschte, blieb die Idee der drei Zeitalter für spätere theologische Denker sehr inspirierend.

Paulus verglich die Beziehung des Menschen zu Gott im Alten Testament mit der eines unmündigen Kindes.[60] Der Wechsel in das Neue Testament wurde als Mündigwerdung eines Erben, ein Wechsel vom „Kind" zum „Sohn" gedeutet. Jesus sprach seine Schüler sogar mit dem Begriff „Freund" an.[61] In all diesem sehen wir Andeutungen von Etappen und einer Entwicklung, die für unser Selbstverständnis bedeutsam ist.

Die Formierung der christlichen Gemeinde eröffnet das Zeitalter des Geistes. Es ist der Heilige Geist, der die Sehnsucht nach dem kommenden Messias und der erneuerten Welt wach hält. Der Geist Gottes lockt in die Zukunft, verbreitet den Duft des erwarteten Schalom und lässt die Vision einer integralen Wohlordnung aufleuchten.

Durch die Jahrhunderte wurden viele gesellschaftstransformierende und revolutionäre Bewegungen von diesen Gedanken inspiriert. Weil das kirchliche Leben aber häufig zu einer Status-Quo erhaltenden Institution erstarrte und sich allzu sehr mit weltlichen Regierungsformen einließ, brachen diese visionären Kräfte nicht selten aus den bestehenden Strukturen aus und nahmen säkulare oder sogar antikirchliche Züge an.[62]

---

[60] *„Als wir unmündig waren, waren wir in der Knechtschaft der Mächte der Welt. Als aber die Zeit erfüllt war, sandte Gott seinen Sohn, geboren von einer Frau und unter das Gesetz getan, damit er die, die unter dem Gesetz waren, erlöste, damit wir die Kindschaft empfingen."* (Gal.4,3-5 LUT)

[61] *"Ich sage hinfort nicht, dass ihr Knechte seid; denn ein Knecht weiß nicht, was sein Herr tut. Euch aber habe ich gesagt, dass ihr Freunde seid; denn alles, was ich von meinem Vater gehört habe, habe ich euch kundgetan."* (Joh.15,15 LUT). Gianni Vattimo versteht den Wechsel vom Knecht zum Freund als zentrale Entwicklungsrichtung des christlichen Glaubens. Vgl. Vattimo, Glauben - Philosophieren, 48.

[62] Leonhard Ragaz, Pfarrer in der Schweiz, kämpfte zu Beginn des 20. Jahrhunderts dafür, Sozialismus und Christentum nicht als Gegensätze zu verstehen. Er bezog sich damit u.a. auf Johann Christoph Blumhardt, der als Pfarrer in der würtenbergischen Erweckungsbewegung die diesseitig-sozialen Aspekte des Reiches Gottes hervorhob. Die Bewegung des Religiösen Sozialismus kam in Deutschland unter der Nazi-Herrschaft zum Erliegen. Vgl. Buess, Prophetischer Sozialismus. Nach dem 2. Weltkrieg griff Ernst Bloch mit dem „Prinzip Hoffnung" sozialreformerische Ideen von Karl Marx auf. Jürgen Moltmann re-

Umso wichtiger ist es, dass sich christliche Gemeinden und Kirchen wieder darauf besinnen, Träger von Gottes alles umfassender Transformation zu sein. Gottes Geist weht durch die Welt unabhängig von dogmatischen Grenzziehungen. Das „Volk Gottes" ist eine für alle geöffnete Pilgergemeinschaft, die sich unter der Führung des Geistes im Fluss der Zeit voran bewegt und im Horizont einer göttlich humanen Weltordnung engagierte Hoffnungs- und Versöhnungszeichen setzt.[63]

5) Echo sein

Im vorangegangenen Abschnitt haben wir der Einfachheit halber von „Kirche" als einer in sich handelnden Größe gesprochen. Das muss jetzt korrigiert werden. Kirche hat keine abstrakte Gruppenpersönlichkeit, sondern besteht aus relational verflochtenen Einzelpersonen. Sie besteht aus Menschen, die sich an Jesus orientieren. Ihre Gestalt ergibt sich aus einer Fülle von Einzelentscheidungen und Handlungen der verschiedenen Beteiligten. Ohne Frage gibt es Wechselwirkungen und gegenseitige Beeinflussungen, Ermutigungen oder Korrekturen zwischen den Akteuren. Das darf aber nicht davon ablenken, dass wir es im Idealfall mit einer Gemeinschaft von eigenständig denkenden und handelnden Personen zu tun haben. Die Rede von Mündigkeit und Freiheit konkretisiert sich in der Verantwortlichkeit des Einzelnen. Pointiert ausgedrückt: Es ist nicht möglich, sich hintereinander zu verstecken.

Von anderer Seite betrachtet, ergibt sich gerade daraus die Bedeutung eines jeden Beteiligten. Jede Stimme, jede Beobachtung,

---

agierte darauf mit seinem inzwischen legendären Buch „Theologie der Hoffnung". Mehr zu Leonhard Ragaz: Vgl. Böhm, Gottes Reich und Gesellschaftsveränderung.

[63] Seit der 10. Vollversammlung des Ökumenischen Rats der Kirchen 2013 in Busan wird von einem weltweiten „Pilgerweg der Gerechtigkeit und des Friedens" gesprochen. Vgl. Ökumenische Rundschau 1/2015.

jedes Engagement und auch jede Verweigerung beeinflussen das Ganze.

Was bedeuten nun alle bisherigen Ausführungen für die Rolle und Aufgabe der einzelnen „Mitspieler"? Die Begriffe „evangelisieren" oder „missionieren" halte ich in diesem Zusammenhang, wie bereits ausgeführt, für irreführend. Auch die Formulierung „das Reich Gottes bauen" setzt einen falschen Akzent, so als wäre es möglich, allein durch menschlich sozialen Aktivismus Gottes neue Welt zu realisieren.

An dieser Stelle möchte ich auf den Vergleich mit einem Echo oder Resonanzraum zurückkommen. Mir scheint dieser Vergleich besonders anschaulich zu sein und manche inhaltlichen Verzerrungen zu korrigieren. Ein Echo entsteht, wenn ein Klang von seiner Umgebung aufgenommen und zurückgespiegelt wird. Es ist eine Reflexion im Rahmen des vorhandenen Kontextes.

Übertragen: Das Christusgeschehen ist der Klang, die Gemeinde der Klangkörper oder besser: der Echokontext. Gemeinde ist ein sozio-kultureller Resonanzraum des auferstandenen Christus. Ein Schüler von Jesus zu sein bedeutet, auf den Klang des Christus zu hören und dementsprechend das eigene Leben, also Körper, Seele und Geist zu einem solchen Echokontext werden zu lassen. Beten ist wie das Einatmen eines spirituellen Klanges. Wenn mein Bewusstsein derartig in Schwingung gerät, verbreitet sich der Klang durch die Art meines Auftretens in meiner Umgebung. Es ist keine Anstrengung, keine religiöse Leistung und keine Tätigkeit fernab des Auferstandenen.

In manchen mystischen Traditionen wurde eher davon gesprochen, dass wir transparent oder durchlässig für das Leben des Christus werden. Wie ein Kanalrohr, das den göttlichen Segen hindurchleitet. Ein solcher Vergleich leistet jedoch dem Missverständnis Vorschub, als wäre unser Leben ein passives Instrument in „Gottes Hand". Er hat eine entpersonalisierende Tendenz. Dagegen verbindet das Bild vom Resonanzraum völlige Mitbeteiligung als eine Art von aktiver Wachheit mit einer entkrampften Wirksamkeit ohne religiösen Leistungsdruck. Es ist ein aktives Geschehen-Lassen. Eine präsente Freundlichkeit. Eine Leichtigkeit inmitten der Ernsthaftigkeit des Lebens.

Noch einmal: Die Rolle des Einzelnen besteht nicht darin, selbst Gottes Werk tun zu wollen, sondern aktiv Gottes Werk durch sich geschehen zu lassen.[64] Dieses ist weder ein passives Hindurchleiten, noch eine losgelöste Eigenständigkeit. Jesus verwendete dafür das Bild vom Weinstock und seinen Reben.[65] Er sprach davon, dass Frucht ganz natürlich aus einer inneren Verbundenheit, aus einem „bewussten Bleiben in ihm" erwächst.

In Bezug auf Mission heißt das: Nicht wir erfüllen eine Mission für Gott, sondern wir stellen uns in die bestehende Mission Gottes hinein.[66] Gott sendet sich durch Christus in die Welt. Indem sich einzelne Menschen mit in diese Sendung hineinnehmen lassen, entsteht Gemeinde. Eine christliche Gemeinde ist die kollektive Gestalt der Sendung Christi. Du bist eingeladen, dich hineinnehmen zu lassen. Horche auf Christus als Klang des Lebens und trage den Klang weiter, indem du ein Reflektor seines Wesens wirst und damit selbst zum Klingen kommst.

---

[64] *"Denn wir sind Gottes Schöpfung. Er hat uns in Christus Jesus neu geschaffen, damit wir zu guten Taten fähig sind, wie er es für unser Leben schon immer vorgesehen hat."* (Eph.2,10 NLB)

[65] *"Ich bin der Weinstock; ihr seid die Reben. Wer in mir bleibt und ich in ihm, wird viel Frucht bringen. Denn getrennt von mir könnt ihr nichts tun."* (Joh.15,5 NLB)

[66] David J. Bosch ist einer der Hauptvertreter der sogenannten „missionalen Theologie". Es geht darum, Mission von der Bewegung Gottes in die Welt zu denken (lateinisch: Missio Dei) und dann erst nach der Funktion von Kirche zu fragen. Vgl. Bosch, Mission im Wandel.

IV. Fünf elementare Praktiken

Nachdem wir uns die drei Kernaktivitäten einer christlichen Gemeinschaft vor Augen geführt haben, begeben wir uns auf einen vierten Gedankenrundgang. Nun soll es darum gehen, anhand welcher sichtbaren und benennbaren Praktiken das soziale Umfeld in einer Gemeinde die christliche Botschaft erkennen und ablesen kann.

Jesus sagte den sehr einfachen, aber ausgesprochen herausfordernden Satz: *„Daran wird jedermann erkennen, dass ihr meine Jünger seid."* Woran? *„Wenn ihr Liebe untereinander habt."*[67] Allein diese Aussage macht deutlich, dass das Umfeld - je kritischer gegenüber Religion, desto mehr - nicht auf Glaubensbekenntnisse, Gebetszeiten oder Gottesdienstliturgien achtet. Die Umgebung horcht erst auf, wenn eine Gemeinschaft von einer Atmosphäre der respektvollen Liebe und Annahme geprägt ist. Aber auch das muss präzisiert werden:

An anderer Stelle sagte Jesus: *„Wenn ihr nur die liebt, die euch lieben, was tut ihr Besonderes... Das tun auch die Zöllner."*[68] Mit anderen Worten: Es geht nicht um gegenseitige Sympathie, wechselseitige Verpflichtung und emotionale Zugeneigtheit. Jesus sprach von einer Liebe, die auf Fremdes zugeht und unabhängig vom Verhalten des Gegenübers freundlich bleibt. Freundlichkeit ist mehr als Lächeln. Es ist eine Haltung der Offenheit und des „Ersten Schrittes" auf andere zu. Es ist ein Anfangen, kein bloßes Reagieren. Jesus meinte eine Art von Liebe, die sich nicht in Ge-

---

[67] *„Ein neues Gebot gebe ich euch, dass ihr euch untereinander liebt, wie ich euch geliebt habe, damit auch ihr einander lieb habt. Daran wird jedermann erkennen, dass ihr meine Jünger seid, wenn ihr Liebe untereinander habt."* (Joh.13,34.35 LUT)

[68] *„Denn wenn ihr liebt, die euch lieben, was werdet ihr für Lohn haben? Tun nicht dasselbe auch die Zöllner?"* (Mt.5,46 LUT)

fühlsempfindungen erschöpft, sondern zu erkennbaren Hilfs-
handlungen führt.

In Abgrenzung zu religiöser Werkgerechtigkeit stand besonders die lutherische Tradition jeglicher Art von menschlichem
Aktivismus kritisch gegenüber. Man befürchtete, dass sich Menschen über ihre eigene Leistung vor Gott rechtfertigen wollten.
Jesus dagegen hat sich in der Bergpredigt anders geäußert. Die
so genannten „guten Werke" sind nicht dafür da, um Gott zu be-
eindrucken, sondern um das soziale Umfeld dankbar gegenüber
dem Schöpfer zu machen.[69]

Wenn wir über „die Mission", oder besser gesagt, über „die
Missionierung" der Kirche nachdenken, fragen wir nach Wir-
kungen, die über das innerreligiöse Bezugsfeld hinaus gehen.
Für kirchenferne Zeitgenossen sind dogmatische Aussagen un-
verständlich. Reine Glaubenssätze haben keinen Bezug zu All-
tagserfahrungen und sind damit irrelevant. Anders wird es,
wenn eine christliche Gemeinschaft erkennbare, beobachtbare
und messbare Handlungen im gesellschaftlichen Kontext tätigt.

Im Nachfolgenden werden fünf urchristliche Praktiken beschrieben, welche jede für sich das Potential hat, das Beziehungs-
klima eines Gemeinwesens zum Positiven zu verändern. Wir orientieren uns dabei an Gedankengängen von *John Howard Yoder.*[70]
In jedem dieser beobachtbaren Interaktionen wirken Kerygma,
Koinonia und Diakonia zusammen. Gerade in dieser Kombination werden aus kleinen unscheinbaren Handlungen leuchtende
Zeichen in Hinblick auf den erwarteten Schalom Gottes.

---

[69] *„So lasst euer Licht leuchten vor den Leuten, damit sie eure guten Werke sehen und
euren Vater im Himmel preisen."* (Mt.5,16 LUT)

[70] John Howard Yoder; Die Politik des Leibes Christi - Als Gemeinde zeichenhaft leben. 27-125.

1) Abendmahl - Nahrung für alle

Der ursprüngliche Begriff ist „Brotbrechen". An anderen Stellen wird vom „Mahl des HERRN" gesprochen. Häufig wird auch die Bezeichnung „Abendmahl" verwendet, weil es um das gemeinsame Essen von Jesus mit seinen Jüngern am Abend vor der Kreuzigung geht.

Die Einsetzung des Abendmahls war keine Neuerfindung. Vieles erklärt sich aus dem geschichtlichen und sprachlichen Kontext des Judentums. Es gibt Anklänge an die Tradition des Passahmahles, welches am Vorabend vor dem Auszug aus Ägypten gefeiert wurde. Andere stellen Bezüge zum Opfer-Widder in den gottesdienstlichen Feiern im Tempel her. Inhaltlich geht es um Befreiung von Knechtschaft und um Erlösung von Bindungen und Unterdrückung. Gleichzeitig ist es eine Vergewisserung der gegenseitigen Freundschaft und Solidarität.

Der Messias ist derjenige, der das Volk mit Brot versorgt, so wie Gott beim Auszug aus Ägypten Manna vom Himmel gab. Deswegen sollte Jesus nach der „Speisung der 5000" zum erwarteten Messias-König ausgerufen werden.[71] Dieses Wunder war entsprechend der Überlieferung ein zentrales Erkennungszeichen des kommenden Erlösers. Jesus entzog sich aber diesem Versuch und wies an anderer Stelle darauf hin, dass ein Mensch nicht nur durch materielle Versorgung lebt, sondern durch lebendige Worte, die aus „dem Mund Gottes" kommen.[72]

Die ersten christlichen Gemeinden praktizierten das „Brotbrechen" als regelmäßige Handlung. Es ging um das Teilen von Grundnahrungsmitteln, während man um Tische herum zusammen saß und aß. Jede*r war willkommen. Alle wurden satt. Es

---

[71] *„Als Jesus nun merkte, dass sie kommen würden und ihn ergreifen, um ihn zum König zu machen, entwich er wieder auf den Berg, er selbst allein."* (Joh.6,15 LUT)

[72] *"Er <Jesus> aber antwortete und sprach: Es steht geschrieben (5.Mose 8,3): »Der Mensch lebt nicht vom Brot allein, sondern von einem jeden Wort, das aus dem Mund Gottes geht.«"* (Mt.4,4 LUT)

war ein normales Essen, welches in der Gegenwart Gottes unter Lobgesang und Gebet abgehalten wurde. Bei den ersten Christen ging es nicht nur darum, sich rückwirkend an den Auszug aus Ägypten zu erinnern. Ebenso wichtig war der Bezug zum Tod und zur Auferstehung von Jesus und der damit zusammenhängenden Erlösungskraft. Noch viel mehr aber ging es um die Erwartung des wiederkehrenden Messias. Das „Brotbrechen" war eine Vorausschau auf das himmlische Festmahl, bei dem der Messias der Gastgeber für alle Völker sein wird.[73]

Als Paulus die Praxis des Brotbrechens den nichtjüdischen Christen in Korinth erklärte, kritisierte er, dass es bei ihnen zu einem rücksichtslosen Gelage verkommen war. Teilnehmer*innen, die wegen zu langer Arbeitsschichten zu spät kamen, gingen leer aus. Die Korinther verstanden zwar, dass sie durch Gottes Fülle versorgt wurden, sie übersahen jedoch, dass es nicht um egoistische Segnungen ging. Vielmehr sollte das gemeinsame Essen die Beziehungen und das Vertrauen stärken.

Im weiteren Verlauf der Kirchengeschichte verwandelte sich das Abendmahl in vielfacher Weise. Zum einen wurde es zu einer sakramentalen Handlung, wodurch Grundnahrungsmittel seltsam spirituell aufgeladen wurden. Zum anderen reduzierte sich die Menge der Essensportion auf ein Minimum. Bald geriet in Vergessenheit, dass es sich bei dieser Handlung ursprünglich um ein normales gemeinsames Freundschaftsessen handelte. Später wurde das Abendmahl sogar zu einem Kontrollinstrument der Kirche, um „die vom Weg abgekommenen Gläubigen" durch Ausschluss zu disziplinieren.

Wie verbinden sich in dieser elementaren Handlung des Brotbrechens Kerygma, Koinonia und Diakonia? Dass es um Gemeinschaft geht, ist offenkundig. Es ist aber eine Koinonia-Gemeinschaft, also kein elitärer Zirkel, sondern eine offene Gruppe.

---

[73] *„Und es werden kommen von Osten und von Westen, von Norden und von Süden, die zu Tisch sitzen werden im Reich Gottes."* (Lk.13,29 LUT)

Alle sind eingeladen, sich mit an den Tisch zu setzen.[74] Alle bekommen etwas ab. Mit dieser Handlung wird verkündigt, dass jede*r willkommen ist. Du bist erwünscht und gern gesehen. Es ist ein Platz für dich frei. Der Messias, der Inbegriff von Hoffnung, Liebe und Vergebung, lädt dich ein, Platz zu nehmen.

Und schlussendlich ist das Brotbrechen auch im umfassenden Sinne diakonisch. Es geht um das Teilen von Grundnahrungsmitteln, die gerechte Verteilung von Ressourcen und eine solidarische Wirtschaftsordnung. Keine*r soll ausgegrenzt werden. Es ist genug für alle da. Das Abendmahl ist die grundlegende Praxis für eine solidarische Weltgemeinschaft.[75]

An diesem kurzen stichpunktartigen Durchgang erkennen wir, dass eine so unscheinbare und elementare Handlung wie die Verteilung eines kleinen Brotes eine gesellschaftspolitische Bedeutung bekommen kann.

2) Taufe - eine neue Menschheit

Bei der Taufpraxis können wir - ähnlich wie beim Brotbrechen - eine Entwicklung von einer öffentlich-zeichenhaften Schalom-Handlung hin zu einem innerkirchlichen Zugehörigkeitsritual beobachten.

Die neutestamentliche Wassertaufe schöpft ihre Bedeutung aus Rückbezügen zur Rettung vor der Sintflut[76] und dem Durchzug durch das Rote Meer[77]. Wasser ist hierbei zunächst einmal Gerichtswasser. Übertragen gesprochen: Das mit Christus ge-

---

[74] Jim Wallis beschreibt die Praxis eines „Welcome Tables". Vgl. Wallis, Seven Ways to Change the World, 85-110.

[75] Johannes Christiaan Hoekendijk spricht von einem „weltoffenen Abendmahl". Vgl. Hoekendijk, Die Zukunft der Kirche und die Kirche der Zukunft, 58.

[76] „Das <d.h. die Rettung durch die Arche> ist ein Vorbild der Taufe, die jetzt auch euch rettet. Denn in ihr wird nicht der Schmutz vom Leib abgewaschen, sondern wir bitten Gott um ein gutes Gewissen, durch die Auferstehung Jesu Christi,..." (1.Petr.3,21 LUT)

kreuzigte selbstbesessene alte Wesen eines Menschen wird in der Taufe symbolisch begraben.[78] Gleichzeitig ist Wasser aber auch ein Bild für die Neuschöpfung. Es erinnert an eine lebendige Quelle oder eine Oase in der Wüste. Hier ist die inhaltliche Brücke zur Auferstehung.

In der jüdischen Tradition kommt Wasser häufig im Zusammenhang mit Reinigungsritualen vor. Es geht um Waschungen als kultische Handlungen, um äußerlich und auch innerlich rein vor Gott treten zu können. In bestimmten Zusammenhängen wurde die Praxis der Waschung in Kombination mit der Beschneidung als Übertritt in die jüdische Religionsgemeinschaft eingesetzt. Vor diesem Hintergrund wurde daran anschließend auch die christliche Taufe tendenziell als Eintrittsritual verstanden.

Bleiben wir hier kurz stehen: Paulus sprach davon, dass durch die Taufe alle vor Gott gleich sind.[79] Die klassischen Unterschiede von Rasse, Religionszugehörigkeit, Geschlecht oder beruflichem Status treten in den Hintergrund. Durch die Taufe entsteht eine neue Einheit in Christus. Letztendlich wird auf diese Weise eine Befreiung von gesellschaftlichen Konventionen und Regelsystemen vollzogen. In der Taufe wird damit nicht nur das Wesen des „Alten Menschen", sondern das der gesamten „gefallenen Menschheit" mit ihren hierarchischen, konkurrierenden Systemdynamiken zum Abschluss gebracht. Dabei separiert

---

[77] *„Ich will euch aber, liebe Brüder, nicht in Unwissenheit darüber lassen, dass unsre Väter alle unter der Wolke gewesen und alle durchs Meer gegangen sind; und alle sind auf Mose getauft worden durch die Wolke und durch das Meer…"* (1.Kor.10,1.2 LUT)

[78] *„Oder wisst ihr nicht, dass alle, die wir auf Christus Jesus getauft sind, die sind in seinen Tod getauft? So sind wir ja mit ihm begraben durch die Taufe in den Tod, damit, wie Christus auferweckt ist von den Toten durch die Herrlichkeit des Vaters, auch wir in einem neuen Leben wandeln."* (Röm.6,3.4 LUT)

[79] *„Denn ihr seid alle durch den Glauben Gottes Kinder in Christus Jesus. Denn ihr alle, die ihr auf Christus getauft seid, habt Christus angezogen. Hier ist nicht Jude noch Grieche, hier ist nicht Sklave noch Freier, hier ist nicht Mann noch Frau; denn ihr seid allesamt einer in Christus Jesus."* (Gal.26-28 LUT)

nalisierung von religiösen Ämtern sind weit entfernt von den urchristlichen Anfängen. Schauen wir uns das genauer an.

3) Fülle - Kooperation und Partizipation

Jesus wies seine Jünger scharf zurecht, als sie versuchten, sich
die besten und einflussreichsten Plätze im kommenden Reich
des Messias zu sichern.[81] Paulus führte später das Bild des „Leibes" ein.[82] Daran erläuterte er, dass jedes Teil in einen größeren
Kontext eingebettet ist und sich in gegenseitiger Abhängigkeit
von den anderen Teilen unterstützt. Er nannte das: Zur ganzen
Fülle Christi hinwachsen.[83] Paulus beschrieb eine Differenzierung von Rollen, die nicht in einer statischen Oben-Unten-Pyra-
mide geordnet sind, sondern sich gegenseitig in ihren spezifi-
schen Aufgaben respektierten und unterstützten. Er betonte sogar, dass die unscheinbaren Aufgaben besonders geachtet werden sollten.[84]

Der Begriff „Fülle" meint Vollständigkeit, Vervollständigung
oder Ganzheit. Es geht um Intensität und um ein harmonisches
Wechselspiel der Teile. Bei der Beschreibung der Fülle-Qualität
stoßen wir auf folgende Wortfamilie: Charis, Charisma und Charismata. Charis steht für Freude, Charisma für Gnade und Charismata für geistliche Begabungen. Dieses hilft zu verstehen, in
welcher Art die verschiedenen Rollen und Aufgaben in einer
christlichen Gemeinschaft zugeordnet sein sollen.

---

[81] *"Sie sprachen zu ihm: Gib uns, dass wir sitzen einer zu deiner Rechten und einer zu
deiner Linken in deiner Herrlichkeit."* (Mk.10,37 LUT)

[82] *"Ihr alle seid der eine Leib Christi, und jeder Einzelne von euch gehört als ein Teil
dazu."* (1.Kor.12,27 HFA)

[83] *„Lasst uns aber wahrhaftig sein in der Liebe und wachsen in allen Stücken zu dem
hin, der das Haupt ist, Christus,..."* (Eph.4,15 LUT)

[84] *"Vielmehr sind die Glieder des Leibes, die uns schwächer erscheinen, die nötigsten;
und die uns weniger ehrbar erscheinen, die umkleiden wir mit besonderer Ehre; und die
wenig ansehnlich sind, haben bei uns besonderes Ansehen..."* (1.Kor.12,22.23 LUT)

Grundlegend geht es um eine Atmosphäre von Freude. Allein das widerspricht allen schwermütigen Ansichten von einem selbstaufopfernden Dienst. Der Begriff „Gnade" bezieht sich auf ein älteres Wortfeld im Hebräischen. Gnade ist ein zentraler Wesenszug Gottes und meint: Achtsame Zuwendung, zuvorkommende Liebe, sensible Geduld und mitfühlende Barmherzigkeit. Gnade ist das Gegenteil einer kalkulierten Beziehung. Es ist die Bereitschaft, mehr als andere in eine Gemeinschaft einbringen zu wollen, ohne sofort den eigenen Nutzen hochzurechnen.

Gnadengaben (charismata) sind die einzelnen Aufgaben und Rollen, die zum Aufbau des „Leibes Christi" beitragen. Der Geist von Jesus teilt diese Begabungen zu. Deswegen kann es - richtig verstanden - keine Neid- und Konkurrenzdynamiken geben. Jeder Beitrag ist wichtig. Keine*r ist das „fünfte Rad am Wagen". Alle sollen Teil und Teilhaber*innen werden, also partizipieren und mit den anderen kooperieren. Es gibt keine überflüssigen Menschen.

Leider hat es in der Kirchengeschichte immer wieder Strömungen gegeben, die einerseits auf einen individualistischen, oftmals chaotischen Geist-Enthusiasmus gesetzt haben, oder andererseits in eine überorganisierte Ämterhierarchie verfallen sind. Beides sind falsche Extreme.

Fragen wir auch hier wieder nach dem Zusammenspiel von Kerygma, Koinonia und Diakonia. Die Befreiungsbotschaft dieser christlichen Gruppenidentität lautet: Du wirst gebraucht. Du hast etwas einzubringen. Der Geist von Jesus hat dich begabt. Indem du dich einbringst, wirst du selbst bereichert.

Für die Art der Koinonia-Gemeinschaft bedeutet es: Leitungsstrukturen sind keine heiligen, schöpfungsbedingten Ordnungen, sondern haben Dienstfunktion. Jede*r hat Mitverantwortung für das Ganze, ohne sich über andere zu erheben. Und gerade diejenigen, die als „die da oben" empfunden werden, sollten bereit sein, sogenannte niedrige Aufgaben zu erledigen.

Auf welche Weise erweist sich die diakonische Schalom-Kraft? Eine solche Art von Gemeinschaft strahlt aus, indem sie Menschen Respekt und Würde zurückgibt. Bedürftige sind nicht länger Betreuungsobjekte, sondern werden zu Teilhaber*innen. In der frühen Kirche war genau das möglich: Sklaven konnten zu Leitern werden. Frauen waren Prophetinnen. In späterer Zeit wurde „Kirche" in ihren Leitungsaufgaben wieder von vordefinierten Ämtern, professionellen Priestern, gebildeten Leuten und insbesondere von Männern dominiert. Frauen, sogenannte Laien und einfache Leute blieben außen vor. Das verdunkelte die ursprüngliche Botschaft.

4) Redefreiheit - aufeinander hören

Etwas Viertes lässt sich soziologisch untersuchen. Es geht um die Art der Entscheidungsfindung in einer Gemeinschaft. Wer hat was zu sagen und auf wen wird gehört?

Im Alten Testament gab es den Dreiklang von König, Priester und Prophet. Könige standen für Weisheit und Macht, Priester für die Auslegung des Gesetzes, die Dokumentation der Geschichte und die Durchführung des Opferbetriebes und die Propheten für direkte Weisungen von Gott. In gewisser Weise war es eine Gewaltenteilung. Nach neutestamentlicher Sicht vereinigte Jesus jede dieser drei Funktionen in seiner Person. Fälschlicherweise wurde das oftmals so verstanden, dass Jesus die damit zusammenhängende Machtstellung ins Unendliche potenzieren würde. Wie aber schon früher angedeutet, ist Jesus ein König, der dient, ein Priester, der sein eigenes Leben einsetzt und ein Prophet, der Menschen in der Gegenwart erdet und nicht mit falschen Zukunftsaussichten ruhig stellt. Anders ausgedrückt: Jesus missbrauchte nicht die mit seiner göttlichen Sendung zusammenhängende Macht. Weder manipulierte er Menschen religiös, noch unterdrückte er sie in irgendeiner Weise.

Was heißt das für die Entscheidungsfindungsprozesse in christlichen Gemeinschaften? Was sind die Autoritätsquellen, seitdem Jesus nicht mehr leibhaftig auf der Erde lebt? Die einen berufen sich auf die Bibel und favorisieren eine wörtlich direktive Auslegung. Andere glauben, durch einen unmittelbaren „Draht" zum Heiligen Geist unhinterfragbare Weisungen von Gott zu empfangen. Als drittes gibt es auch die Möglichkeit, dass jemand seine Entscheidungsbefugnis aus seinem Amt ableitet. In allen Fällen versuchen Einzelne, sich eine vorrangige Autoritätsstellung gegenüber der Gruppe zu sichern.

Indem Jesus aber darauf hingewiesen hat, dass er „das Haupt" ist, relativiert er alle menschlichen Hierarchien. Wie können jedoch Menschen, die untereinander und vor Gott gleich sind, zu Entscheidungen finden? Steht dann nicht immer Aussage gegen Aussage? Entstehen nicht gerade so Spaltungen?[85] Paulus führte in dem Brief an die Korinther aus, dass nicht nur jede*r eine Begabung und einen Dienst empfangen hat, sondern dass auch durch jede*n der Heilige Geist sprechen kann. Er wies die Gruppe an, einen nach dem anderen reden zu lassen, aufeinander zu hören und das Gehörte gemeinsam zu beurteilen.[86]

Dieses setzt voraus, dass man eine Versammlungsstruktur entwickelt, bei der sich alle äußern können. Und es braucht Zeit und Einfühlungsvermögen, einander - gerade auch den Stilleren - zuzuhören. Im Verlauf der Kirchengeschichte wurden dann beratende Gremien wie Synoden oder Konzilien einberufen. Mit wachsender Größe der Kirche ging bei diesem Verfahren der

---

[85] *"Ich meine aber dies, dass unter euch der eine sagt: Ich gehöre zu Paulus, der andere: Ich zu Apollos, der Dritte: Ich zu Kephas, der Vierte: Ich zu Christus."* (1.Kor.1,12 LUT)

[86] *"Ihr könnt doch alle der Reihe nach sprechen. Dann werden alle etwas lernen und alle werden ermutigt werden."* (1.Kor.14,31 GNB)

Kontakt zur Basis verloren. Im Anschluss an die evangelische Reformation bildeten sich Strömungen, welche erneut die Struktur einer überschaubaren Versammlung betonten. Man nannte dies Kongregationalismus.[87]

Vordergründig betrachtet haben wir es hierbei mit demokratischen Strukturen zu tun.[88] Bei allen Vorteilen einer Demokratie gegenüber anderen Regierungsformen gibt es aber auch Schwachpunkte. Eine Demokratie lebt von einer starken Opposition. Es braucht Widerspruch und Diskussion. Abstimmungsprozesse sind Mehrheitsentscheidungen. Auf diesem Wege werden Minderheiten immer überstimmt und drohen überhört zu werden. Darüber hinaus fördert eine solche systemtechnisch eingebaute Dissonanz nicht unbedingt ein Empfinden von Einheit und Gemeinsamkeit.

Anders bei Entscheidungsverfahren, bei denen versucht wird, möglichst viele verschiedene Perspektiven einzubeziehen. Nach urchristlichem Verständnis lebt in jedem Jesus-Schüler der Geist des auferstandenen Christus. Das bedeutet: Um den Willen Gottes herausfinden zu können, ist es zwingend nötig, aufeinander zu hören. Nur im gemeinsamen Gespräch können verschiedene Wahrnehmungen beleuchtet werden. Zu diesem geistlichen Hörprozess gehören das gemeinsame Lesen der Bibel und das gemeinsame Gebet. Bei solchen Entscheidungsprozessen ist das Ziel natürlich nicht, dass eine Autoritätsperson - ob von Amts

---

[87] Der kongregationalistische Ansatz wurde insbesondere von Freikirchen übernommen. Dort wird betont, dass alle wesentlichen Entscheidungsprozesse in der Verantwortung der Gesamtversammlung liegen und jedes einzelne Mitglied Stimmrecht hat.

[88] Der Begriff „Demokratie" leitet sich aus dem Griechischen von „demos = Staatsvolk" und „kratia = Herrschaft" ab. In urchristlichen Strukturen ging es auch um Mitbeteiligung aller, aber aus einem anderen Grund. Man ging davon aus, dass der Geist Gottes nach dem Pfingstereignis durch jeden Gläubigen und nicht nur durch herausgehobene Könige, Priester oder Propheten sprechen konnte. Deswegen müsste man korrekterweise von einer „Pneumatokratie" sprechen. Es meint eine Regierungsform, in der der Heilige Geist durch alle Gläubigen in einer stimmigen Weise Beratungen leitet.

wegen, aufgrund besonderer Geistoffenbarung oder wegen langer Erfahrung - einen Beratungsprozess dominiert. Ebenso wenig beruhen Entscheidungen auf Koalitionen von verschiedenen
Parteiungen, um „seine Meinung" durchzusetzen. Vielmehr soll
herausgefunden werden, in welcher Form der Geist Gottes durch
meinen Nächsten spricht und wie gemeinsam eine stimmige Lösung entwickelt werden kann. Derartige Entscheidungen entwickeln sich, indem verschiedene Perspektiven eingebracht werden
können, jede*r Einzelne zu Wort kommt und anderen aufmerksam zuhört, und dadurch ein gemeinsames Verständnis entsteht,
was für die Gruppe am sinnvollsten ist.[89]

Derartige Koinonia-Gemeinschaften bringen eine hohe Sozial-
kompetenz und einen achtsamen Umgang hervor, sowohl in Bezug auf verschiedene Altersgruppen, Geschlechteridentitäten
und den beruflichen Status. Auch setzen sich solche Gemeinschaften dafür ein, dass benachteiligten Menschen eine Stimme
gegeben wird. Dieses ist eine konkrete Form von Liebe, die zu einer geheilteren Gesellschaft beiträgt. Die Verlängerung einer solchen Umgangskultur ist das gesellschaftliche Engagement für
Religions-, Meinungs- und Pressefreiheit. Jede*r soll sagen können, was er oder sie denkt, ohne dafür Schwierigkeiten zu bekommen.

5) Binden und Lösen - gemeinsame Werte

Als fünften Punkt richten wir unseren Blick auf eine unscheinbare und oftmals missverstandene Praxis. Im Kern geht es dabei
darum, wie eine Gemeinschaft Konflikte löst. Was geschieht,
wenn es widerstreitende Interessen gibt? Welche Folgen hat es,

---

[89] Wenn alle mitreden dürfen, kann es zu einer „Tyrannei des Konsens" kommen. Ein Veto kann dann jeglichen Entscheidungsprozess blockieren. Voraussetzung für Geist geleitete Entscheidungsprozesse ist, dass alle Beteiligten von
ihren selbstbezogenen Motiven absehen und nach Lösungen zum Wohl aller
suchen.

wenn sich einzelne Teilnehmer*innen nicht an gemeinsamen Werten orientieren?

Das, was später mit dem Begriff „Gesetz Christi"[90] bezeichnet wurde, beschreibt ein einfaches Konfliktlösungsverfahren. Wenn Beteiligte unterschiedliche Ansichten vertreten, sollen sie sich bemühen, sich zunächst einmal konstruktiv zusammenzusetzen. Kommen sie auf diesem Weg nicht weiter, werden andere Personen hinzugezogen. Gelingt es auch dann noch nicht, zu einer sinnvollen Lösung zu kommen, wird die gesamte Gemeinschaft einbezogen.

In diesem Zusammenhang wird der Doppelbegriff „Binden und Lösen" verwendet. Gewisse christliche Gruppierungen haben diese Terminologie fälschlicherweise als eine Praxis zur Dämonenaustreibung gedeutet. Demnach löst man Gebundene von fluchartigen Bindungen und verhindert durch ein Wort der Vollmacht weitere dämonische Bedrohungen. Der eigentliche Sinn ist aber ein anderer. Die Formulierung „Binden und Lösen" ist vom Ursprung her rabbinische Sprache. Binden meint, in der Gemeinschaft etwas Verbindliches zu formulieren, und Lösen bedeutet, jemanden von einer Verpflichtung zu erlösen. Letztendlich geht es um Konfliktlösung.

Vertiefen wir die Gedanken: Jede Gemeinschaft, will sie nicht nur eine Ansammlung von selbstbezogenen Einzelwesen sein, braucht gemeinsame Werte. Werte sind elementar für die Identität einer Gruppe. Dazu gehören die Art der Kommunikation, der Umgang mit Besitz oder die Kriterien für Zugehörigkeit. Bei allem Wunsch nach Offenheit gibt es mehr oder weniger subtile Grenzen in einer Gruppe. Oftmals ist das - gewollt oder ungewollt - ein gewisser Verhaltens-, Sprach- oder Kleidungskodex.

Es liegt leider in der Natur der Sache, dass jede Positivaussage gleichzeitig ein Nichterwähnen aller anderen Möglichkeiten ist.

---

[90] Vgl. Yoder, Die Politik des Leibes Christi, 113-125.

Eine Definition (lateinisch von fines = Gebiet) erzeugt eine Abgrenzung. Die Fragen, die man reflektieren muss, sind: Ergibt sich eine Binnenidentität aus positiven Werten oder überwiegend durch Abgrenzung nach außen? Wer bestimmt, welche Grenzen wo gezogen werden? Und: Wie statisch sind herausgebildete Grenzziehungen? Besonders brisant werden diese Reflexionen bei ethischen Entscheidungen.

Wie schon bei den Überlegungen zur Leitungsstruktur und zu Entscheidungsprozessen finden wir auch bei diesem fünften Punkt unterschiedliche Ansätze in der Kirchengeschichte. Die einen betonen ein kirchliches Amt, welches „von oben" verkündet, was richtig und falsch ist. Andere glauben, dass besonders geistlich begabte Menschen aus einer Eingebung heraus im Namen Gottes ein Machtwort sprechen sollten. Dritte versuchen, sich an den unmittelbaren Wortlaut der Bibel zu halten und daraus ewig gültige Gesetzmäßigkeiten abzuleiten. Allen ist gemeinsam, dass sie den langwierigeren und persönlicheren Weg einer dialogischen Konfliktlösung abkürzen wollen.

Wenn wir aber den Hinweisen im Neuen Testament folgen, finden wir einen ausgesprochen spannenden und zukunftsweisenden Ansatz. Eine der großen Neuerungen durch Jesus ist, dass nicht mehr vorrangig ein Gesetz das vermittelnde Regelsystem zwischen Gott und Mensch, wie auch Mensch und Mensch ist, sondern der direkte Kontakt gewünscht wird.[91] Für christliche Gemeinschaften heißt das: Es geht nicht in erster Linie um Moral, um ethische Normen oder um Drinnen-Draußen-Kriteri-

---

[91] Mein Kollege Tobias Ennulat weist zurecht darauf hin, dass die Beschreibung der alttestamentlichen Gott-Mensch-Beziehung als bloß religiöses Regelsystem eine unglückliche Verkürzung ist. Er schreibt: „An dieser Stelle wird mir die dialogische Struktur des Alten Testaments, speziell der Tora und des Exodus (individuell: Dialog am brennenden Dornenbusch, kollektiv: Dialogische Dynamik am Sinai...) nicht ausreichend gewürdigt. Der Theologe Walter Brueggemann sieht die Beziehungsdynamik im Alten Testament zwischen Volk und Gott ihrem Wesen nach als dialogisch an. Das Regelsystem für das Verhalten unter Menschen war ja ebenfalls nicht starr."

en. Erst recht geht es nicht um starre, ewig gültige Regeln, die wir erfüllen müssen. Stattdessen verweist Jesus unterschiedliche Menschen darauf, das direkte Gespräch zu suchen und sich auf der Grundlage von gegenseitiger Wertschätzung zu einigen.

Noch einmal: Das Begeisternde ist, dass sich jede christliche Gemeinschaft in der Orientierung an Jesus, dem gemeinsamen Lesen der Bibel, der Offenheit gegenüber dem Wirken des Geistes und dem Hören aufeinander immer neu selbst kalibrieren muss. Es gibt keine starren Vorgaben von außen. Und weiter: Die Gestaltungen von solchen Gemeinschaften wandeln sich durch die Interaktion mit dem jeweils konkreten sozialen Kontext. Es gibt keine der Geschichte enthobenen christlichen Gemeinschaften.

Wird eine solche Art von Gemeinschaft gelebt, hat das Strahlkraft. *Hannah Arendt* spricht davon, dass der „Öffentliche Raum" ein fragiles Konstrukt ist. Zentrale Handlungen, um diesen öffentlichen Raum zu gestalten, sind „Vergeben" und „Versprechen"[92]. Menschen sind fähig, Fehlentwicklungen zu beenden, neue Anfänge zu setzen und sich freiwillig für Sinnvolles zu verbinden. Solche Überlegungen korrelieren auch mit der „Theorie des kommunikativen Handelns" von *Jürgen Habermas.*[93]

Inspiriert von dieser urchristlichen Praxis wurden Täter-Opfer-Ausgleichsverfahren entwickelt. Ziel ist nicht Strafe, sondern Versöhnung. Der Weg dorthin ist ein erlösender Dialog. Auch hierbei kommen Kerygma, Koinonia und Diakonia in großartiger Weise zusammmen. Wäre es nicht begeisternd, wenn „Kirche" ein

---

[92] Hannah Arendt schreibt: „*Was das Verzeihen innerhalb des Bereiches menschlicher Angelegenheiten vermag, hat wohl Jesus von Nazareth zuerst gesehen und entdeckt.*" Sie führt dann weiter aus, dass der „öffentliche Raum" insbesondere durch Handlungen des Vergebens und Versprechens gestaltet wird. Vgl. Arendt, Vita activa, 304-307.

[93] In neuerer Zeit beginnt Jürgen Habermas damit, die Bedeutung von Religionen für den gesellschaftlichen Diskurs einzukalkulieren. Vgl. Mendieta, Religion und Öffentlichkeit, 28-52.

Übungsraum für einen offenen, respektvollen und achtsamen Dialog für Konfliktlösungen wäre? Und wenn die sozialen Kompetenzen, die die Beteiligten dabei erlernen, in Betriebe, Hochschulen, Nachbarschaften, Krankenhäuser und Behörden ausstrahlten?

6) Von klein zu groß denken

In der Webdesign-Branche gibt es seit 2011 einen Trend, der „Mobile First" heißt. Lange Zeit hatte man Produkte für größere Stand-Bildschirme entworfen. Inzwischen geht die Entwicklung dahin, dass immer mehr Menschen mit ihren Smartphones Inhalte mobil abrufen wollen. Hinzu kommt, dass Endgeräte inzwischen so viele verschiedene Displaygrößen aufweisen, dass man die Präsentation von Inhalten flexibel anpassen muss. Man nennt das „Responsive Webdesign". Letztendlich geht es darum, vom Kleinsten und Elementarsten schrittweise größer zu denken.

Übertragen wir das auf das Verständnis von Kirche. Wie organisiert sich Kirche und wie liefert sie ihre Inhalte aus? Welche Gestalt hat „die Mission"? Unglücklicherweise stellt man sich unter Kirche häufig noch immer eine religiöse Versammlung in einem kirchlichen Gebäude vor. Ein Kirchengebäude ist dabei so etwas wie ein starrer Stand-Bildschirm, zu dem ich hingehen muss. Solche Displays werden jedoch an Bedeutung verlieren und nur noch an speziellen Arbeitsplätzen zum Einsatz kommen. Deswegen: Eine Kirche, die als Eckwerte ihres Selbstverständnisses ihr Gebäude, professionelle Geistliche und religiöse Angebotsprogramme hat, wird unaufhaltsam in ein gesellschaftliches Nischendasein abdriften.

Interessant ist, dass wir bei diesen Überlegungen direkt auf Jesus zurückkommen können. Er sprach davon: *„Wo zwei oder drei in meinem Namen beisammen sind, da bin ich mitten unter ihnen"*[94].

---

[94] Mt.18,20 LUT.

Diese Aussage wird vor dem rabbinischen Hintergrund noch interessanter. Laut jüdischem Verständnis braucht eine gottesdienstliche Versammlung mindestens zehn Männer. Wenn Jesus die Formulierung „zwei oder drei" verwendete, reduzierte er die Mindestgröße auf die kleinste Beziehungseinheit. Es geht um Menschen, die eher nicht verwandtschaftlich miteinander verbunden sind.[95] Sie bilden aufgrund der Jesus-Orientierung den Kern einer neuen Gemeinschaft. Jesus verwirft damit jede Art von „Ich-zentrierter-Religion" und betont die sozialen Bezüge in ihrer elementarsten Form.

Wie wäre also eine Art von Kirche, die sich „Mobile First" entwickelt? Sie würde eine Form suchen, die inmitten aller gesellschaftlicher Räume lebbar ist: in Cafés, Tanzstudios, Hörsälen, Büros, Wohnzimmern, Parkanlagen oder Ateliers. Überall, wo sich Menschen um einen Tisch setzen oder Stühle zueinander drehen können, kann eine Jesus-Gemeinschaft entstehen. Dieses ist der Leitgedanke, um eine Gemeindestruktur entlang von kleinen Gruppen her aufzubauen.

Bei dem konzeptionellen Ansatz einer „Zellgemeinde" geht es nicht um eine neue und Erfolg versprechende Form von Kirche. Es geht nicht um Größe und verheißungsvolle Wachstumspotentiale. Das innerste Anliegen ist, eine Art von Kirche zu leben, die jederzeit flexibel und mobil „bei uns" ist. Es geht um Beziehungen, nicht um Gebäude, um kreative, kontextbezogene Unternehmungen, nicht um starre religiöse Programme und um die Aktivierung und Beteiligung aller, nicht um religiöse Spezialisten, die andere zu Konsumenten machen.

---

[95] Auch in der deutschen Sprache wird noch zwischen „Paar" und „paar" unterschieden. Wird „Paar" groß geschrieben, dann sind damit zwei Personen gemeint, die zu einer neuen Einheit werden. Wird dagegen „paar" klein geschrieben, geht es um eine Menge von unterschiedlichen Dingen. Vermutlich zielt die Formulierung „zwei oder drei" darauf, dass es die kleinstmögliche Gruppe von verschiedenen Teilen ist.

Wer „Kirche" von klein zu groß denkt, wird im guten Sinne gezwungen, elementarer zu denken. Wie würde man in einer Gesellschaft beginnen, in der es keine Jahrhunderte alten Kirchengebäude, keine christlichen Privilegien und keine gewachsenen Personalstrukturen gibt? *Dietrich Bonhoeffer* sprach, wie oben schon erwähnt, bei den Überlegungen zu einem unreligiösen Christentum von „Beten und Tun des Gerechten"[96]. Es geht um eine Form des christlichen Glaubens, die sich vollständig auf ihre Umwelt einlässt, ohne darauf abzuzielen, religiöse Subkulturen oder Parallelstrukturen aufzubauen.

Zellgruppen sind der Versuch, einen spirituell-sozialen Übungsraum für diese fünf angesprochenen Praktiken zu ermöglichen. Orientiert an Jesus lernen Menschen...

* ihr Leben zu öffnen und Erlebtes mitzuteilen. Häufig wird dieses durch ein gemeinsames (Abend)essen unterstützt.
* sich vor dem Horizont einer versöhnten Menschheit als gleich vor Gott zu respektieren.
* ihre Begabungen einzubringen und wechselweise für verschiedene Aufgaben Verantwortung zu übernehmen.
* miteinander zu reden und dabei jeden zu Wort kommen zu lassen. Verschiedene Perspektiven bereichern das Gespräch.
* Konfliktdynamiken gemeinsam zu beraten und in einer respektvollen Weise zu Lösungen zu kommen.

Kleine Gruppen sind Transformatoren, um abstrakte Vorsätze und Konzepte konkret werden zu lassen. Sie bilden die Grundlage, um diese Art von Atmosphäre dann auch in größeren Versammlungen und im gesellschaftlichen Raum zu leben.

---

[96] Bonhoeffer, Widerstand und Ergebung, 152.

7) Zum Wohle der Welt

Am Ende dieses vierten Abschnittes versuchen wir erneut, die angerissenen Überlegungen zu bündeln und mit der großen Linie in Zusammenhang zu bringen.

Ausgangspunkt war die Gewissheit, dass Gott aktiv in der Geschichte wirkt. Der Verlauf der Welt zielt auf einen umfassenden Schalom. Kirche steht in dem Sendungsauftrag des Messias und verlängert ihn unter der Führung und der Kraft des Jesus-Geistes. Noch einmal: Zielpunkt dieser Sendung ist die Welt, nicht die Kirche. Weil das so ist, richten wir das Hauptaugenmerk darauf, bestmöglich den kommenden Schalom Gottes schon jetzt zu verkörpern und der Umgebung als Segnung erfahrbar zu machen. Wie geschieht das?

Stellen wir uns drei Kreise vor, die sich teilweise überlappen. Ein Kreis steht für Gottes Interessen, einer für die der nichtkirchlichen Welt und ein dritter für die der christlichen Gemeinde. In der Mitte überschneiden sich alle drei Bereiche. Das ist die Zone, in der sich Gott, Welt und Kirche in Bezug auf das Gute, Wahre und Schöne einig sind.

Worauf es hinausläuft, ist Folgendes: Eine bewusst kulturintegriert arbeitende Gemeinde versucht, die Überschneidung in der Mitte möglichst groß zu machen. Das bedeutet: Sie fragt zunächst danach, in welchen Bereichen außerkirchliche Initiativen Dinge tun, die im Sinne Gottes und zum Wohle der Menschen sind. Das könnte der Einsatz für soziale Gerechtigkeit, die Sorge um das ökologische Gleichgewicht, die Förderung von Bildungschancen für alle oder die Stärkung der Demokratie sein. Anschließend sucht sie nach Wegen, sich ebenfalls für diese Anliegen stark zu machen.

Natürlich wird an dieser Stelle von manchen christlichen Vertretern umgehend angemahnt, dass sich der Auftrag von Kirche nicht in sozialen, ökologischen, wirtschaftsgerechten oder gesellschaftspolitischen Themen erschöpfen dürfte. Ohne Frage ist das richtig. Natürlich hat eine christliche Gemeinschaft auch die Aufgabe, aus der Bibel zu lernen, gemeinsam im Gebet Gott zu verehren, Gläubige mit Seelsorge auf ihrem geistlichen Weg zu begleiten und Interessierten den Einstieg in den Glauben zu erklären. Es ist nicht eine Frage von Entweder-Oder. Wenn aber eine christliche Gemeinschaft vorrangig sich selbst im Blick hat und erst anschließend über eine mögliche Sendung in die Welt als Unterrubrik ihrer Arbeit nachdenkt, ist die Gewichtung in falscher Weise verschoben. Besser wäre es, die Identität und Gestalt der Gemeinschaft aus ihrer Sendung in die Welt abzuleiten. Daraus folgt:

- Um überhaupt gesellschaftlich wahrgenommen zu werden, braucht es Präsenz. Man muss nicht nur als Funktion, sondern als Person am öffentlichen Leben teilnehmen. Geschieht dieses nicht, wird Kirche nur als Postadresse und Gebäude erkennbar. Persönliche Präsenz benötigt einen hohen Zeiteinsatz. Ein Gemeindeleben, das die Beteiligten durch ein nach innen orientiertes Programm bindet, verliert den Kontakt zur Umwelt.

- Als zweites ist es wichtig, dass eine christliche Gemeinschaft in ihrem Grundverständnis bereit ist, Gutes zu tun. Das meint „gerne zu geben", anstatt vorrangig den eigenen Vorteil im Blick zu haben. Nur weil Kirchen christlich sind, sind sie nicht automatisch weniger egoistisch als manche andere Organisation. Dabei ist wichtig: Gut ist in diesem Fall nicht das, was man selbst dafür hält, sondern das, was der andere als gut erlebt. Es leitet sich von den Bedarfen der Umgebung ab.

- Eine solche Einstellung führt zu vertrauensvollen Kooperationen im Stadtteil. Kirche wird dann als „aktiver Mitspieler" wahrgenommen und nicht als jemand, der auf der

Tribüne sitzt und moralisierende Kommentare macht. Eine Gemeinde, die die Segnung der Welt im Blick hat, hält Ausschau nach guten Initiativen, die sie unterstützen kann und engagiert sich für das, was das Gemeinwesen fördert.

- Interessant wird es, wenn sich eine ganze Gruppe mit einer stimmigen Atmosphäre und Überzeugung dementsprechend verhält. Die Einzelnen verstehen dann: Die zentrale Aufgabe von Kirche ist die einer „Tischdiener-Gemeinschaft" (Eine Kombination aus Diakonia und Koinonia). Es geht darum, Gottes Segnungen an umgebende Menschen auszuteilen. Jesus hat andere ermutigt, aufgerichtet, geheilt, von bösen Einflüssen befreit und ihnen die Augen für Wesentliches geöffnet. Diese Art von segnendem Tun ist die eigentliche Botschaft (Kerygma).

- Fälschlicherweise wird der Begriff „Verkündigung" auf das Vortragen einer Predigt eingeengt. Worte allein sind aber noch keine Verkündigung. Wenn eine christliche Gemeinschaft nicht als ein aufbauender Faktor im sozialen Umfeld wahrgenommen wird, sind alle Worte hohl und werden nur als religiöses Hintergrundrauschen wahrgenommen. Worte sind dazu da, um das für alle Augen sichtbare Handeln zu interpretieren. Sie sind kein Ersatz für Taten.

- Eine christliche Gemeinschaft hält das Bewusstsein wach, dass unsere Welt unfertig ist. Wir sind auf dem Weg in eine geöffnete Zukunft und setzen auf diesem Weg Zeichen, die uns und andere an die Hoffnung erinnern. Jede*r ist eingeladen, mitzugehen und mitzugestalten. Weil alle Lernende sind, können sich „Neue" sofort aktiv am Geschehen beteiligen, ohne von den Langjährigen abhängig zu sein.

- Wo wird sich der kommende Schalom Gottes manifestieren? In einer geistlichen Parallelwelt oder inmitten unserer Welt? Diese bereits früher erwähnte Weichenstellung ist elementar. Nach unserer Überzeugung liebt Gott diese sichtbare Ein-Welt so sehr, dass er genau diese Welt transformieren und erneuern wird. Deswegen ermutigen wir Menschen, die sich an Jesus ausrichten, bewusst in ihren sozialen Umfeldern zu bleiben, sich dort einzubringen und keine religiöse Ghettokultur zu fördern.

Wenn wir all diese Überlegungen zusammen nehmen, entsteht vor unseren Augen ein Bild von Kirche, die sich nachvollziehbar, intelligent, kreativ und sensibel für eine humanere Welt einsetzt.

V. Weitere Denkrichtungen

An dieser Stelle wechseln wir unsere Herangehensweise. Durch die ersten vier Kapitel mag fälschlicherweise der Eindruck entstanden sein, als könnten Glaubensüberzeugungen wie ein nach allen Seiten stimmiges System dargestellt werden. Ohne Frage ist es wichtig, sich darüber bewusst zu werden, ob verschiedene Ansichten einander widersprechen oder sich sogar ausschließen. Ein dogmatisches Gerüst oder eine Ansammlung von Lehrsätzen darf aber nicht mit lebendigem Glauben verwechselt werden.

Wenn wir versuchen, eine sinnvolle christliche Verortung zu formulieren, kommen wir nicht umhin, einzelne Aussagen zu gewichten und in eine Reihenfolge zu bringen. Eine solche lineare Darstellung dient der besseren Lesbarkeit und ist eine Hilfe für das eigene Lernen. Das darf aber nicht darüber hinwegtäuschen: Die Erkenntnis von Wirklichkeit und Wahrheit ist nicht linear. Wir haben es mit unüberschaubar komplexen Wechselwirkungen zu tun.

Immer klarer wird, dass wir die Welt nicht distanziert von einem neutralen Punkt beobachten können. Wir sind jederzeit mitten im Geschehen. Das bedeutet: Wir lernen von innen her. Aus der Mitte weitet sich unser Horizont. Damit ist nicht Innerlichkeit gemeint, sondern die Einsicht, dass wir uns inmitten von verschachtelten Kontexten bewegen: Familie, Nachbarschaft, Schule, Ausbildung, Medien, Freunde, Online-Communities, Stadtkultur und Gesellschaft als vielfältig überlagertes Geschehen. Aus der Interaktion mit unserer Umwelt entstehen neue Impulse, die wir wiederum filtern, interpretieren, verinnerlichen und nach Bedarf anwenden. So entsteht sowohl rückwirkend unser biographisches Selbstbild, welches sich aus verschiedenen Einzelerfahrungen zusammensetzt, als auch vorausschauend ein

Konstrukt von unserer Wunschpersönlichkeit, durch das wir angespornt werden.

Im Nachfolgenden soll es in Bezug auf unsere christlichen
Überzeugungen um Themenfelder gehen, die unfertig sind. Ausgehend von einzelnen Ankerpunkten bedarf es der weiteren ge-
danklichen Arbeit und Ausformung. Gemeinsam werden wir interessante Anschlussgleise erahnen. Dabei soll nicht aus dem
Blick geraten, dass es um die Frage geht: „Was ist die Botschaft
von Kirche?" oder: „Mit welchen Inhalten werden wir in die
Welt gesandt?".

1) Gesund glauben

Es ist ein seltsames Phänomen, dass eine Religion, selbst wenn
sie sich als Religion der Liebe versteht, nicht automatisch positi-
ve Ergebnisse hervorbringt.[97] Woran liegt es, dass sich manche
Menschen, sobald sie religiös werden und einen bestimmen
Glauben annehmen, zwanghafter, verurteilender, rücksichtsloser
oder aggressiver verhalten? Warum gehören religiöse Konflikte
zu den brutalsten Auseinandersetzungen?

Stellen wir uns zwei streitende Kinder auf einem Schulhof vor.
Das eine Kind schlägt das andere mit der Begründung, dass dieses nicht bereit wäre, sich für sein Fehlverhalten zu entschul-
digen und in Zukunft freundlicher zu sein. Allgemeiner formuliert: Die mangelnde Liebe des anderen wird zur Rechtfertigung
für die eigene Aggression. Dieses Verhaltensmuster lässt sich
vielfältig durchspielen. Letztendlich geht es um die Frage: Kann

---

[97] Breit bekannt ist das Buch von Tilmann Moser, Gottesvergiftung. Auch Eugen Drewermann setzt sich in vielen seiner Schriften mit krankmachenden Formen von Religion auseinander. Vgl. Drewermann, Heilende Religion. Hinzuweisen ist ebenso auf das Buch von Ulrich Giesekus, Glaub dich nicht krank.
Aufschlussreich ist auch eine neuere Untersuchung unter jungen Erwachsenen,
warum sie den christlichen Glauben verlassen. Vgl. Faix, Warum ich nicht
mehr glaube.

man Gutes erzwingen oder durch zweifelhaftes Agieren hervorbringen? Heiligt der Zweck die Mittel?

Diese wenigen Notizen führen uns weiter zur Suche nach einem integralen Glauben. Wie gelingt es, dass unser christliches Verständnis zu mehr Weisheit, umfassender Gesundheit, sozialer Kompetenz und gesellschaftlicher Verantwortung führt? Umgekehrt: Wie kann verhindert werden, dass christliche Überzeugungen zu rechthaberischen Kampfpositionen entarten? Isoliertes Beten oder Meditieren, das alleinige Lesen der Bibel oder das Hören von Predigten führen nicht automatisch dazu, dass jemand umgänglicher wird.

Mehrere Überzeugungen scheinen mir für einen ganzheitlichen Glauben wichtig:

(a) Glaubensansichten sind immer unfertig. Selbst wenn wir Leitlinien systematisieren, sollten daraus keine geschlossenen Gedankensysteme werden. Nur durch ein Bewusstsein der Vorläufigkeit bleiben wir lernbereit und interessiert an den Äußerungen von anderen.

(b) Jede sprachlich formulierte Aussage beinhaltet eine Interpretation des Aussagenden. Ein Interpret ist ein „Dazwischen-Steher", ein Vermittler. Sprache vermittelt zwischen den uns umgebenden Kontexten und unserem Bewusstsein. Insofern ist Sprache ein Raum, der miteinander zu einem Worte-Wohnraum gestaltet wird.

(c) Nur wenn wir verstehen, dass „Glaube" kein Ding ist, das sich besitzen, weitergeben, bekämpfen oder verteidigen lässt, lernen wir integral zu glauben. Integral glauben bedeutet, dass ich meine Prägungen, psychischen Dynamiken, körperlichen Empfindungen und sozialen Kontaktfelder als „Gesprächspartner" für meine Glaubensformung ernst nehme.

Damit kommen wir zurück zum Stichwort „gesund glauben". Es ist wichtig aufzumerken, wann und in welchen Bereichen un-

sere Zeitgenossen christliche Gemeinschaften als „Sekten" wahrnehmen. Wo beginnt religiöse Manipulation? Was sind verbisse-
ne Fundamentalismen, krankmachende Gruppenstrukturen oder
kontrollierende Beziehungsfelder? Welche theologischen Aussagen mögen zwar religiös richtig sein, führen letztendlich aber zu
einem verkrümmten Selbstbild?

Umgekehrt: Wie gelingt es, dass durch „Kirche" ein mündiger,
intelligenter, balancierter und weltoffener Glaube gefördert
wird, den die Umwelt als segnendes und heilendes Energiefeld
wahrnimmt? Es geht nicht allein um Wahrheit, sondern um
Wahrhaftigkeit. Glaube ist nicht nur Bekenntnis, sondern Beziehung. Insofern müssen die Wege immer dem Ziel, die Mittel
dem Zweck und die Sprache dem Inhalt entsprechen. Das Wie
gehört zum Was. Mehr noch: Das Was des Inhalts wird nicht
mehr ernst genommen, wenn das Wie des Auftretens vom inhaltlichen Anspruch abweicht.

Gesunde christliche Gemeinschaften streben nach einer Atmosphäre, in der Gott angstfrei gesucht werden kann. Manche erleben ihre religiöse Prägung als eine Art Glaubensverzerrung und
sehnen sich nach einer Entschlackung oder sogar Entgiftung.
Deswegen ist es gut, einander zu ermutigen, innerlich aufrecht
zu gehen, eigenständig zu denken und sich kritisch-konstruktiv
an der weiteren Formung der jeweiligen Gemeinschaft zu beteiligen. Es ist gut, gemeinsam in sozialer Sensibilität zu wachsen
und das Gespür für eine spirituell-heilende Atmosphäre zu fördern.

2) Theologie des Weges

Mit dem Stichwort „gesund glauben" haben wir uns bereits gegen ein starres Glaubenssystem gestellt. Wenn wir Glauben integral und integriert denken, ist dieser keine Untersektion in unserer Persönlichkeit, sondern etwas, das überall mit allem verfloch-

ten ist. Wir können zwar versuchen, unsere Überzeugungen mit Sprache vor uns hinzustellen, um sie dann anzuschauen und zu reflektieren. Aber auch diese Vor-Stellungen sind immer nur Momentaufnahmen. Im weiteren Lebensverlauf wandeln sich die Perspektiven.

Es ist ein seltsames Phänomen: Viele verstehen unter „Tradition" die Konservierung von Glaubensinhalten. Demnach ist „Glaube" ein zeitloses Ding, welches man (auf)bewahren kann. Dass lebendiger Glaube aber gerade in der Weitergabe entlang von Beziehungen interpretiert und moduliert wird, wird dabei oftmals ausgeblendet. Als negative Folge davon wird Glaube mit Stabilität, Bodenständigkeit und konservativen Wertegefügen in Verbindung gebracht. Was aber meint das? Geht es um eine Rückwärtsorientiertheit? Um eine Sehnsucht nach dem verlorengegangenen Paradies?

Viel überzeugender scheint mir die Rede von einer „Tradition der Bewegung" zu sein. Abraham wanderte, Israel wanderte und Gott wanderte mit. Die Bibel stellt uns einen Gott vor, der mit seinem Volk auf dem Weg ist.[98] Der spätere Tempelbau unter Salomo und die anschließende Kultzentralisation verleitet leider bis heute viele Christen dazu, ihr Steingebäude als Gotteshaus zu verstehen. Stattdessen finden wir bei Jesus, dass er zwar im Tempel und den bestehenden Synagogen gelehrt, seinen Schülern aber viele Lektionen unterwegs beigebracht hat.

Was geschieht, wenn wir diese Einsichten nicht nur auf die äußere Erscheinungsform von Kirchengemeinden anwenden, sondern auf das innere Selbstverständnis? Welche Konsequenzen ergeben sich daraus für unsere theologischen Denksysteme? Offenkundig scheint mir zu sein: Alles befindet sich in einem relationalen Weg-Prozess.[99] Um nicht missverstanden zu werden: Relationalität meint nicht Relativität und schon gar nicht religiö-

---

[98] Einer der zentralen Namen Gottes ist „Immanuel", das heißt „Gott ist mit uns unterwegs". Vgl. Jes.7,14.

se Beliebigkeit. Relationalität schließt nicht aus, an ein höchstes Gut oder einen absoluten Gott zu glauben.

Eine Theologie des Weges stellt sich gegen eine eingefrorene Wahrheit und entlarvt eine solche Ansicht als kulturelles Konstrukt. Wer sich dagegen als „unterwegs" versteht, konzentriert sich weniger auf das Erfassen einer absoluten Wahrheit, als vielmehr auf eine Lernbeziehung zum auferstandenen Christus. Und wenn sich alle als Lernende auf dem Weg zur gemeinsamen Schalom-Zukunft verstehen, macht ein gegenseitiges Vergleichen, Beneiden, Bewerten oder sogar Abwerten keinen Sinn mehr.

Konsequent weitergedacht, ist eine christliche Gemeinde ein beständig lernender Organismus. Sie lernt gleichermaßen aus der Bibel und dem Zeitgeschehen, den Impulsen des Geistes und vernünftigen Überlegungen. Ohne Frage gibt es eine uns zeitlich vorgeordnete Botschaft in der Person von Jesus Christus. Aber wie Jesus verstanden wird und auf welche Weise seine Lehre aktualisiert werden kann, ist immer erneute Auslegung in einer konkreten christlichen Gemeinschaft. Wir befinden uns in einer Jahrtausende alten Interpretationsgeschichte, die beständig weitergeht.[100]

Deswegen ist eine Trennung zwischen Heilsgeschichte und Weltgeschichte künstlich. Wir leben gemeinsam in einer Ein-Geschichte mit vielen tausenden Untergeschichten. Die Zeit bewegt uns vorwärts. Und während wir gehen, interpretieren und reflektieren wir Signale aus unserer Umwelt. Das christlich Besondere ist: Wir wählen Christus als zentralen Referenzpunkt. Seine Person ist für uns wie ein Magnetfeld, an dem sich alles ausrich-

---

[99] Cathrine Keller entwickelt, angeregt durch Alfred North Whitehead, eine Prozesstheologie. Vgl. Keller, Über das Geheimnis.

[100] Vattimo, Christentum im Zeitalter der Interpretation, 17-32. Eine fortlaufende, in sich verflochtene Geschichte der Interpretation führt nicht zwingend zur Beliebigkeit von Werten. Vgl. Girard, Christentum und Relativismus.

tet. Einfacher ausgedrückt: Wir beten, dass wir durch die Wirkung des Jesus-Geistes mit seinen Augen sehen und folgerichtig handeln können.

3) Schwache Ontologie

Was ist „das Sein" und in welcher Beziehung stehen wir dazu? Können wir mit dem Finger darauf zeigen oder es mit Begriffen begreifen? Eng damit zusammen hängen die Fragen nach „der Wirklichkeit" oder „der Wahrheit"? Wie entsteht der Zugang dazu? Braucht es wissenschaftliche Beobachtung, reflexives Denken, Meditation oder Offenbarung?

Ein zentraler Vorwurf gegen Religionen, die den Begriff der Absolutheit verwenden, lautet: Jede religiöse Absolutheit und die daraus abgeleiteten Ansprüche führen unweigerlich zu Konflikten, schlimmstenfalls zu kriegerischen Auseinandersetzungen. Ohne Frage ist dieser Vorwurf vielfach berechtigt. Wenn daraus aber abgeleitet wird, dass eine unreligiöse Welt eine humanere Welt wäre, ist das ein Kurzschluss. Indem man allen Glauben an Absolutes rigoros verbannen möchte, setzt man eine neue Absolutheit, nämlich die, dass es keine religiösen Absolutheiten geben dürfte. Auf diesem Weg kommen wir nicht weiter.

Schon immer haben Menschen versucht, ihre Ansichten und Glaubensvorstellungen abzubilden. Beginnend mit Höhlenmalereien, Fetischen, Götterskulpturen und rituellen Tänzen bis hin zu abstrakten dogmatischen Lehrgebäuden in umfangreichen Bibliotheken. Wichtig ist, dass das Abbild nicht mit dem verwechselt wird, was es abbilden soll. Dass dieses dennoch zu häufig zu geschehen droht, mag die Ursache für das jüdische Bilderverbot in Bezug auf das Göttliche sein.

Noch komplizierter wird es, wenn sich Glaubensbekenntnisse, dogmatische Lehrsätze und theologische Konstrukte zu einem eigenständigen religiösen Weltbild verdichten und die Deutungshoheit über alles Wahrnehmbare übernehmen. Wir befinden uns dann im Bereich der Metaphysik.[101] Um wiederum nicht falsch verstanden zu werden: Gewiss gibt es „Dinge", die unsere natürliche Wahrnehmung übersteigen. Die Frage, die sich aber stellt, ist, in welcher Weise sich gedankliche Ab-Bilder und Vor-Stellungen zu einem geschlossenen System verdichten, welches uns dann den Zugang zur eigentlichen Wirklichkeit verstellt.

Verhängnisvoll wird es, wenn theologische Konstrukte zu institutionalisierten Wahrheiten werden und sich kirchliche Hierarchien entsprechend einer „Pyramide des Seins"[102] herausbilden. Der Besitz von solcher „Wahrheit" wird dann zum Machtfaktor.[103] Wissen wird zu Herrschaftswissen. Nicht das Sein selbst, sondern die „Lehre vom Sein" wird als absolut ausgegeben und damit als letztgültig hingestellt.

Gianni Vattimo spricht im Zusammenhang mit dem christlichen Glauben von einer „schwachen Ontologie"[104]. Gemeint ist, dass sich die Lehre vom Sein aus sich heraus in ihrem Anspruch auf Letztgültigkeit aktiv schwächt und permanent relativiert. Gerade die Vorstellung von einer letztgültigen Wahrheit braucht die Reflexion über ihren kulturellen Kontext, die Notwendigkeit der Interpretation und der relationalen Bezogenheit. Selbst wenn wir davon überzeugt sind, dass es eine absolute Wahrheit gibt, kann niemand sie isoliert besitzen und eine Machtposition daraus ableiten.

---

[101] Die Geschichte der Metaphysik wird ab dem 19. Jahrhundert immer kritischer reflektiert.

[102] Der griechische Begriff „Hierarchie" meint „Heilige Ordnung". So verstanden ist der Kosmos mit seinen unterschiedlichen Seinsformen wie eine Pyramide strukturiert. Um im Einklang mit dem Kosmos zu leben, werden diese Strukturen auf Gesellschaftsmodelle und Leitungsmuster übertragen.

[103] Vgl. Boff, KIRCHE: Charisma und Macht, 62-96.

[104] Eine ausführliche Reflexion der Gedankengänge von Gianni Vattimo findet sich in der Dissertation von Jakob Helmut Deibl. Vgl. Deibl, Menschenwerdung und Schwächung.

Nachdem Jakob Gott begegnete, humpelte er. Jesus wusch einerseits seinen Jüngern die Füße wie ein Sklave, verstand sich andererseits aber als Meister. Gesunde theologische Sichtweisen erwachsen aus Dienstbereitschaft, also gewissermaßen von unten. Dazu gehört die Atmosphäre von Bescheidenheit, Lernbereitschaft und Sensibilität für das mir Fremde. Es geht um ein christliches Selbstverständnis, das sich den Bemächtigungs- und Unterdrückungsdynamiken von religiösen Systemen widersetzt.

Worin besteht die Herausforderung? Einerseits darin, den provokanten Anspruch von Jesus als Zugang zu Gott ernst zu nehmen, andererseits aber auch, daraus keine überlegene Position abzuleiten. Einerseits das anspruchsvolle Reden Gottes in der geschichtlichen Offenbarung zu hören, andererseits die kontextuellen Modulationen und pluralen Perspektiven zu reflektieren. Vorläufigkeit der Ergebnisse bedeutet nicht Beliebigkeit. Wichtig ist, dass Abstraktionen nicht erstarren und zu Bemächtigungen der Umwelt entarten, sondern in förderliche Handlungen für konkrete Menschen einmünden.

4) Vom Judentum lernen

Heutzutage ist kaum noch nachvollziehbar, warum sich der christliche Glaube jahrhundertelang der jüdischen Tradition überlegen fühlte. Natürlich lassen sich folgende Punkte aufzählen: Die Kirche meinte, als „neues Israel" das jüdische Volk in seiner heilsgeschichtlichen Rolle abzulösen. Man verwies auf den Unterschied vom Alten und Neuen Testament[105], auf Gesetz und Evangelium, auf Gerechtigkeit aus Werken oder aus Glau-

---

[105] James Barr beschreibt grundlegend, auf welche Weise sich das Alte und Neue Testament voneinander unterscheiden, aber auch im Neuen Testament Linien vom Alten Testament aufgegriffen werden. Vgl. Barr, Alt und Neu in der biblischen Überlieferung.

ben und darauf, dass Jesus als Messias vom damaligen jüdischen Volk abgelehnt wurde[106].

Inzwischen ist klar, dass nicht wenige christliche Positionen mit einem Unterton der Arroganz formuliert wurden. Vieles, was wir im Neuen Testament lesen, können wir nur vor dem Hintergrund der jüdischen Geschichte verstehen.[107] In gewisser Weise braucht es jüdische Gelehrte, die Christen helfen, den Glauben an Jesus zu interpretieren.[108] Wir leben in einer gemeinsamen Geschichte. Jesus war Jude. Paulus war Jude. Erst wenn das klar ist und bleibt, können wir darüber nachdenken, was das Neue war, das Jesus betont hat.

Im sogenannten Mittelalter hat die Kirche als Heilsanstalt die Vermittlung zwischen den Gläubigen und dem Göttlichen übernommen. Mit Beginn der Reformationszeit wurde die Stellung des Einzelnen vor Gott betont. Nach evangelischem Verständnis braucht es keine kirchlichen Priester als Vermittler, weil jede*r Gläubige quasi als Priester vor Gott leben kann. Letztendlich wurde dadurch die bisherige Kirche in ihrer Rolle als religiöser Vormund entmachtet. Mit der Betonung des Einzelnen wurde das Subjekt zum Ausgangspunkt aller weiteren Überlegungen.

Im weiteren Verlauf moderner Geistesströmungen kam es zu starken Polaritäten zwischen Subjekt und Objekt, Individualismus und Kollektivismus. Verloren ging dabei, dass das Selbstkonstrukt eines Menschen weder einen absoluten Kern hat noch

---

[106] Jahrhundertelang wurde das jüdische Volk aus christlicher Sicht in verhängnisvoller Weise als „Gottesmörder" diffamiert und diskriminiert.

[107] Hubert Frankemölle gibt einen hilfreichen Überblick über den aktuellen Forschungsstand bezüglich des jüdisch-christlichen Dialoges. Vgl. Frankemölle, Das jüdische Neue Testament und der christliche Glaube.

[108] Herausragend sind hier alle Schriften von Pinchas Lapide zu nennen. Z.B. Lapide, Der Jude Jesus. Auch Jakob Neusner setzt sich kritisch mit den Unterschieden von Judentum und Christentum auseinander und liefert dadurch eine interessante Außenwahrnehmung. Ebenfalls besonders lesenswert die Einführung in das Judentum von Leo Beack und die Erläuterungen der Grundbegriffe von Gerschon Scholem.

allein durch Umweltprägungen hervorgerufen wird. Vielmehr ist es ein relationaler Prozess, der mein biographisches Ich hervorbringt.

Jüdische Frömmigkeit hatte in vielfacher Weise ein Gespür für die Relationalität des Humanen und Spirituellen.[109] Unser letzter Ankerpunkt ist ein ewiges Du, kein abstraktes Es oder ein vages Wir. In der Schöpfungsgeschichte wird beschrieben, wie Gott zwei Menschen in einer Relation erschuf. Jesus lehrte, dass sich wahre Gläubigkeit in einem humanen Umgang mit Mitmenschen erweist. Jüdische Gelehrte betonen die Sozietät des Menschen. Wir sind Gesellschaftswesen. Weder geht es um kapitalistische Rücksichtslosigkeit von egoistischen Einzelpersonen, noch um eine totalitäre Verplanung der Massen.

Die Herausforderung besteht darin, Glaubensgemeinschaften zu formen, die weder religiösen Egoismus fördern, noch fromme Vereinheitlichungen hervorbringen. Gemeinschaften, in denen Personen wichtiger sind als Funktionen und Rollenbilder. Gemeinschaften, die zwar geordnet sind, aber nicht technokratisch verwaltet werden. Gemeinschaften, in denen die Gruppenkultur nicht die Freiheit des Einzelnen erdrückt.

All dieses geht nur, wenn wir Respekt gegenüber unseren jahrtausendealten geschichtlichen Wurzeln haben, wenn wir die als absolut verstandenen Deutungssysteme relativieren, die Andersheit des Anderen aushalten und unsere Überzeugungen in konkrete, dienende Handlungen übersetzen. Die Weisheit des Judentums ist ein unverzichtbarer Schatz, um humane Gemeinschaften zu formen.

Mit diesen stichpunktartigen Ausführungen erscheint Jesus in einem neuen Licht. Er ist keineswegs ein blutleerer, irdisch ent-

---

[109] Legendär ist die Schrift „Ich und Du" von Martin Buber, die bereits 1923 veröffentlicht wurde. Mit seinem Namen ist der Begriff „Dialogisches Prinzip" verbunden. Für einen größeren Überblick zur Aktualität des jüdischen Denkens siehe die Aufsatzsammlung von Hans Erler und Ernst Ludwig Ehrlich: Vgl. Erler, Judentum verstehen.

rückter Erlöser. Er ist auch keine christliche Glaubensformel, um das eigene Seelenheil perfekt zu machen. Stattdessen sehen wir einen Jesus, der nicht nur gestorben und auferstanden ist, sondern der gerade auch *vor* „seiner Erlösungstat" gestaltend gelebt hat. Jesus hat Entfeindung gelehrt, ohne Gewalt anzuwenden. Er hat kühn die Mächtigen mit ihrer Korruptheit konfrontiert und Namenlose als Vorbild in die Mitte gestellt. Er hat lebensfeindliche Regeln gebrochen und gleichzeitig die Lebensführung seiner Zuhörer neu ausgerichtet. Alles, indem er sich in direktem Kontakt unter den Menschen bewegte.

5) Komplexe Befreiung

Klassisch wird unter der Erlösungstat von Jesus Christus sein stellvertretender Tod am Kreuz von Golgatha auf dem Hügel vor den Toren Jerusalems verstanden. Im Johannesevangelium wird überliefert, dass einer seiner letzten Sätze war: „Es ist vollbracht!"[110]. Dann starb er.

In der kirchlichen Gemeinschaft, in der ich als Kind aufgewachsen bin, befand sich im Gottesdienstraum ein schlichtes Holzkreuz mit genau diesen Worten. Weder eine leidende Christusfigur, wie in vielen katholischen Kirchen, noch ein kreuzförmiges Fensterornament, durch das farbiges Licht hereinfiel und an den Auferstehungsmorgen erinnern sollte.

Die Formulierung „Es ist vollbracht!" benennt ein abgeschlossenes Geschehen. Damit sind wir wieder beim Kerygma, also einer Mitteilung oder Kündung. Was beinhaltet das „vollbracht"? Was hat sich verändert durch die Geschehnisse rund um Jesus? Und warum sprach Jesus das „vollbracht" schon vor seiner leibhaftigen Auferstehung von den Toten aus?

---

[110] „*Nachdem er ein wenig von dem Essig genommen hatte, sagte er: »Es ist vollbracht.« Dann neigte er den Kopf und starb.*" (Joh.19,30 NGÜ)

Viele Bibelstellen im Neuen Testament verweisen auf einen individuellen Nutzen. Demnach geschieht durch den stellvertretenden Tod von Jesus die Vergebung von Sünden und Befreiung von dämonischen Bindungen. Der Begriff „Erlösung" nimmt Bezug auf damalige Praktiken von Sklavenloskäufen. Übertragen: Durch Christi Werk werden Menschen aus dem „Machtbereich des Bösen" freigekauft.

Auf viele moderne Zeitgenossen wirken solche Vorstellungen eher befremdlich. Deswegen muss das in der Bibel Ausgesagte aber keineswegs falsch sein. Allerdings ist es hilfreich, bei der Interpretation von biblischen Texten den damaligen kulturellen und sprachlichen Kontext einzukalkulieren. Darüber hinaus ist es bedeutsam, der Botschaft von der Befreiung nicht nur anhand des Todes von Jesus, sondern entlang seines gesamten Lebens nachzuspüren.

René Girard führt aus kulturanthropologischer Sicht anhand der Jesus-Überlieferung aus, dass durch die konsequente Tradierung der ungerechten Hinrichtung eines unschuldigen Opfers diverse kultische Praktiken als Menschen verachtend und gewalttätig aufgedeckt wurden. Jesus war kein Menschenopfer für einen rachsüchtigen Gott. Im Gegenteil: Es ist Gott selbst, der sich in Jesus von Nazareth einem Sündenbockmechanismus aussetzt, um diesen von innen her zum Kollabieren zu bringen. Das in religiösen Opferritualen verkleidete Böse wird bloßgestellt und damit seiner okkulten, das heißt verborgenen Macht beraubt.[111]

Wenn wir also die „Erlösung durch Christus" reflektieren, beinhaltet das längst nicht nur innere Glaubenswahrheiten oder individuelle Erlebnisse. Der gekreuzigte Auferstandene mit seiner gesamten Lebensbotschaft ist eine subversive Macht, um unterdrückerische Strukturen und sich selbst vergötzende Systeme

---

[111] Vgl. Girard, Ich sah den Satan vom Himmel fallen wie ein Blitz, 135-226.

aufzudecken. In Christus ist etwas geschehen, das sich nicht mehr rückgängig machen lässt und an dem nichts mehr vorbei führt.

Auch wenn viele Befreiungsprozesse in der Spannung zwischen „Schon jetzt" und „Noch nicht" stehen, bleibt die Richtung doch klar. Aus individueller Sicht werden in Christus Verkrümmte aufgerichtet, Gebundene befreit, Erniedrigte mit Würde beschenkt und Kranke wiederhergestellt. Darüber hinaus geht es aber auch um Strukturen, die ein gerechtes, humanes und solidarisches Zusammenleben ermöglichen. Es geht um geheilte Beziehungen, um soziale Gesundheit und um einen verantwortungsvollen Umgang mit unserem ökologisch, kosmischen Kontext.

6) Friedensethik

Wenn eine wesentliche Aufgabe von Kirche darin besteht, die Sehnsucht nach einer geheilten Gesellschaft wach zu halten, muss gefragt werden, was das praktisch bedeutet. Wohin führen uns die inhaltlichen Spuren von „schwacher Ontologie", „integralem Glauben" und einer „komplexen Humanität" in Bezug auf das öffentliche Auftreten und Handeln von Kirche?

Forschungsgeschichtlich deutet vieles darauf hin, dass sich Jesus in der Tradition der jüdischen Propheten gesehen hat.[112] Bevor wir also zu schnell ein Bild von einem durch griechische Philosophie überlagerten Christuserlöser vor Augen bekommen, ist es wichtig, die bodenständige Lebens- und Lehrpraxis des Jesus von Nazareth zu studieren.

Nehmen wir als Beispiel die Formulierung „die andere Wange" hinhalten, welche von Jesus in der Bergpredigt verwendet

---

[112] Vgl. Frankemölle, Das jüdische Neue Testament und der christliche Glaube, 83-84.

wird.[113] Zu weiten Teilen bleibt es ein Rätsel, wie daraus jahrhundertelang eine christliche Unterwürfigkeit und dümmliche Erduldung von allem Bösen abgeleitet wurde. Bei genauerer exegetischer Untersuchung finden wir in dieser von Jesus gelehrten Praxis eine Methodik zur Entfeindung[114] und einen gewaltfreien Weg, um sich einer unterdrückerischen Übermacht sanft zu widersetzen.[115]

Weder ging es ihm um eine Vertröstung auf ein fernes Jenseits und eine damit zusammenhängende passive Duldung aller Ungerechtigkeiten, noch stachelte er seine Schüler dazu an, ihren potentiellen Feinden mit Tötungsgewaltbereitschaft entgegenzutreten. Jesus lehrte einen dritten Weg. Wir finden bei Jesus aber kein unmittelbar anwendbares politisches Konzept. Er ist viel radikaler. Jesus lehrte und demonstrierte, wie wir uns negativen Reaktionsmustern verweigern und soziale Verwerfungs- und Ausgrenzungsdynamiken überwinden können. Paulus verwendete später die Formulierung: Böses mit Gutem überwinden.[116]

Immer wieder wurden in der Kirchengeschichte solche Denkfiguren als Naivität abgetan. In der Tat sieht es auf den ersten Blick so aus, als wäre eine „Friedensethik" eine Form von rosiger Selbstvernebelung und schön geredetem Blick auf eine vernichtend harte Realität. Noch einmal: Es geht hierbei nicht um ein simples politisches Konzept. Die Anwendung von Gewalt zur

---

[113] *„Ich aber sage: Wehrt euch nicht, wenn euch jemand Böses tut! Wer euch auf die rechte Wange schlägt, dem haltet auch die andere hin."* (Mt.5,39 NLB).

[114] Der anschauliche und einprägsame Begriff „Entfeindung" wird von Pinchas Lapide gebraucht. Vgl. Lapide, Entfeindung leben?, 6-9.

[115] Walter Wink hat sich eingehend mit den scheinbar zur Unterwürfigkeit anleitenden Bibelstellen beschäftigt und erläutert, dass darin eher eine Strategie zur aktiven Entfeindung zu erkennen ist. Vgl. Wink, Verwandlung der Mächte.

[116] *„Lass dich nicht vom Bösen überwinden, sondern überwinde das Böse mit Gutem."* (Röm.12,21 LUT)

Eindämmung des Bösen ist eine mögliche Handlungsoption, die von Regierungen differenziert diskutiert werden muss.[117]

Wir bedenken diesen Themenkomplex nicht aus der Sicht von Regierungen, sondern fragen nach der Rolle von Kirche. Allzu oft haben kirchliche Verantwortungsträger nach einer Koalition mit den Mächtigen gestrebt und dabei Jesus gemäße Handlungsprinzipien verraten. Umso interessanter sind in der Kirchengeschichte unscheinbarere Strömungen, die jegliche religiös legitimierte Gewalt ablehnten. Im Rahmen der Täuferbewegungen während der Reformationszeit wurde von den Mennoniten die christliche Friedensethik wiederentdeckt und betont.[118]

Der damit zusammenhängende freikirchliche Grundsatz der Trennung von Kirche und Staat meint nicht eine rigorose Geschiedenheit oder ein Sich-Heraushalten aus gesellschaftlichen Belangen. Im Gegenteil: Gerade weil Kirche weder ein Steigbügelhalter einer bestimmten politischen Richtung, noch eine religiöse Bevormundungsstruktur für säkulare Regierungsverantwortung ist, kann sie gesellschaftlich prophetisch, also wegweisend agieren. In konstruktiv-kritischem Engagement spornt sie dazu an, nach einer Jesus gemäßen Humanität zu streben. Dieses geschieht nicht aus einer Position der Überlegenheit oder Besserwisserei, sondern mit einem lernbereiten Geist und in dem Bewusstsein der Vorläufigkeit inmitten einer fortschreitenden Geschichte.

---

[117] Jim Wallis führt unter der Überschrift „Seit wann ist Jesus ein Kriegsbefürworter?" Gedanken zu einer internationalen Friedensethik aus. Wallis, Wer, wenn nicht wir - Streitbare Visionen für eine gerechtere Politik, 97-248.

[118] Die freikirchliche Bewegung der Mennoniten gilt als eine der ältesten Friedenskirchen. Seit 2006 wird die Arbeitsstelle Theologie der Friedenskirchen an der Hamburger Universität von dem Mennoniten Prof. Dr. Fernando Enns geleitet. Vgl. die aktuelle Veröffentlichung in der Reihe „Religionen im Dialog": Enns, Gewaltfreiheit und Gewalt in den Religionen.

7) Dynamische Grenzen

Die Frage nach der Durchlässigkeit von Grenzen in Bezug auf eine Gruppenzugehörigkeit scheint mir zu den schwierigsten zu gehören. Vordergründig mag man dabei an Kriterien für Mitgliedschaft denken. Es geht aber um etwas viel Grundlegenderes:

Das Stichwort "Grenzen" hat mit Abgrenzung, sowohl nach innen als auch nach außen zu tun. Jede Definition ist eine Grenzmarkierung. Es betrifft das Identitätsempfinden einer Gruppe. Wer sind wir und wer gehört ab wann dazu? Grenzziehungen entstehen durch Differenzen. Eine Grenze markiert, dass auf der anderen Seite etwas anders ist. Von innen betrachtet sind Grenzen Ränder. Außerhalb dieser Binnenidentität sind Leute "am Rand", es sind Marginalisierte. Eng damit zusammen hängt die gesellschaftliche Diskussion um Barrierefreiheit und Inklusion.

In diesem ganzen Themenkomplex fragen wir nach dem Selbstverständnis von Kirche. Wie hat Jesus seine neue Gemeinschaft aufgebaut? Welche scheinbaren Normalitäten hat er infrage gestellt? Worüber hat er sich hinweggesetzt? Und welche Markierungen waren ihm wichtig?

Springen wir gedanklich für einen Moment in das frühe Israel zurück. Der Begriff "heilig" verband sich mit einer Herauslösung aus dem Profanen und einer Absonderung für Gott. Heilig war das, was für Gott reserviert war. Es war dem Alltäglichen enthoben. Die Heiligkeitsgebote hatten die Aufgabe, diese Absonderung zu gewährleisten. Gott wohnte zwar durch die Stiftshütte inmitten des Volkes, aber auch dieses war ein abgetrennter Bereich. Es gab eine klare Grenzziehung. Dazu kam, dass unreine Handlungen gewissermaßen ansteckend waren. Das Heilige musste geschützt werden.

In einer späteren Vision sah der Prophet Hesekiel, wie lebensspendendes Wasser unter der Schwelle des Tempeltors hervorquoll, von einem Rinnsal zu einem mächtigen Strom anschwoll und das gesamte umliegende Wüstenland fruchtbar machte.[119] Die Kraft Gottes brach aus dem Heiligtum, aus seiner Umzäunung aus. Nun war nicht mehr das Tödliche und Unreine ansteckend, sondern das Leben überwand den Tod.

Mit dieser prophetischen Vision wurde im Voraus abgebildet, was in Jesus geschehen ist. Er hatte keine Angst, sich zu verunreinigen, wenn er mit ausgegrenzten Menschen Zeit verbrachte. Er war ein personifiziertes Kraftfeld von Gesundheit und Erneuerung. Mit dieser Ausstrahlung sprengte er religiöse Grenzen, die lebensfeindlich geworden waren.[120] Er kritisierte Praktiken, die Mitmenschen an den Rand drängten.

Leider ist es so, dass sich bis heute die Organisationsstruktur vieler Kirchen eher am Alten Testament orientiert.[121] Moralische Regeln, religiöse Verhaltensformen oder theologische Bekenntnisse sollen die Identität stabilisieren. Man errichtet unsichtbare Zäune, um die "eigenen Schafe" zusammenzuhalten und vor "Wölfen" zu schützen. Wie wäre es, wenn wir von einer ganz anderen Seite an die Thematik herangingen?

Stellen wir uns die endlosen Weiten einer Prärie vor. Freies Land soweit das Auge sehen kann. Ergibt es Sinn, Wildpferde einzuzäunen? Wäre es nicht viel besser, seine Zelte dort aufzuschlagen, wo eine Wasserstelle ist? Jesus sprach davon, dass aus

---

[119] *„Und er führte mich zurück zum Eingang des Hauses; und siehe, Wasser floss unter der Schwelle des Hauses hervor nach Osten, denn die Vorderseite des Hauses war nach Osten gerichtet; und das Wasser floss unten herab an der rechten Seite des Hauses, südlich vom Altar."* (Hes.47,1 ELB)

[120] *„Und er <Jesus> sprach zu ihnen: Der Sabbat ist um des Menschen willen gemacht und nicht der Mensch um des Sabbats willen. So ist der Menschensohn ein Herr auch über den Sabbat."* (Mk.2,27.28 LUT).

[121] Oftmals werden Leitungsstrukturen unterschwellig entsprechend der alttestamentlichen Monarchie gedacht. Auch die Betonung von Gebäuden als Ersatz für den Tempel ist häufig zu finden. Innerhalb von vielen Kirchen wird nach wie vor der Altarbereich abgegrenzt, als ob es nötig wäre, das Heilige vor den sündigen Menschen zu schützen.

der Mitte unseres Lebens „lebendiges Wasser" hervorsprudelt, wenn wir uns an ihm orientieren.[122] Was wäre, wenn sich Kirche als offene Wasserstelle verstünde und darauf achtet, dass diese nicht durch religiösen Schutt verdorben wird? So ein Selbstverständnis braucht keine Zäune. Die Pferde kommen von allein zurück zur Tränke.

Stellen wir uns nun noch vor, dass diese spirituelle Quelle durch das Wirken des Geistes vielfältig in Bewegung ist. Kirche hat dann nicht die Aufgabe, Gläubige für Gott zu sammeln und vor einer säkular ansteckenden Umwelt zu schützen. Im Gegenteil: Kirche ist eine Weggemeinschaft, die der Christusquelle folgt, andere einlädt, selbst zu trinken und den empfangenen Segen in ihrer Umgebung austeilt. Es geht nicht um ängstliche Abgrenzung, sondern um ein geöffnetes Weitergeben. Wiederum: Die Formung von Kirche ergibt sich aus ihrer Sendung.

8) Öffentlicher Raum

Rekapitulieren wir kurz, um den Ausgangspunkt für den nächsten Gedankengang zu erhalten. Wohin führt uns die Reise, wenn wir nicht mehr religiöse Grenzen zwischen "heilig" und "profan" konstruieren? Was ist Kirche, wenn sie sich nicht als bloße christliche Subkultur in einer säkularen Gesellschaft versteht? Wo manifestiert sich das "Reich Gottes", wenn wir es nicht als eine parallele Glaubenswelt für Erwählte interpretieren?

Hannah Arendt reflektierte anhand der griechischen Polis das Ideal einer freien Bürgerversammlung.[123] Sinnhaftes Leben erwächst nur sehr bedingt aus endlosem Konsumieren. In einer Konsumkultur werden Menschen letztendlich selbst zum Konsumgut und müssen mit Maschinen konkurrieren. Eine nächst-

---

[122] *„Wer an mich glaubt, wie die Schrift gesagt hat, aus seinem Leibe werden Ströme lebendigen Wassers fließen."* (Joh.7,38 ELB)
[123] Vgl. Arendt, Vita Activa.

höhere Ebene wäre die Gestaltung von Material und der daraus erwachsende Handel. Darin liegt schon mehr Sinnpotential, obwohl in so einem Kontext Beziehungen immer noch von Kosten-Nutzen-Rechnungen überlagert werden. Erst die dritte Ebene der freien sozialen Interaktion erschafft einen humanen Entfaltungsraum.

Dieser öffentliche soziale Raum ist ein fragiles Gebilde. Er folgt nicht materiellen oder monetären Gesetzmäßigkeiten. Sobald er aber überlagert wird von Machtinteressen, Verdrängungsmechanismen oder subtilen Abhängigkeiten verflüchtigt er sich zu verdinglichten und funktionalisierten Beziehungsgefällen. Dann aber ist das eigentlich Geheimnisvolle einer befreiten, offenen und sich entfaltenden Kommunikation dahin.

Noch einmal: Ein öffentlicher Sozialraum der Freiheit lebt von erwünschter Pluralität. Es braucht die Andersheit des Anderen, ohne dass dieser von mir in seiner Fremdheit als feindlich verdächtigt wird. Wer seine eigene subjektive Wahrnehmung verabsolutiert oder insgeheim eine Vereinheitlichung aller Beteiligten wünscht, zerstört die kreative Energie, welche aus der Begegnung mit dem von mir Unterschiedenen erwächst. *Emanuel Levinas* betont, dass nur, wenn die Andersheit des Anderen respektiert wird, ich zu meinem Ich finden kann.[124] Damit befinden wir uns im Kontakt mit jahrtausendealter jüdischer Weisheitstradition.

Wenn wir parallel dazu das "Reich Gottes" weder als geographischen oder überweltlichen Ort verstehen, noch als einen durch religiöse Techniken zu erreichenden inneren Zustand interpretieren, kommen wir zu interessanten Verlängerungen. "Gottes Reich" ist nicht ein Ding, eine Substanz, ein Ort oder ein Zustand, sondern eine Relation, genauer ein Netzwerk von geheilten Relationen. Es ist das durch Christus eröffnete Dazwi-

---

[124] Vgl. Gelhard, Levinas, 38-58.

schen und Inmitten. Relationen haben keine eigene Substanz, sondern sind Zuordnungen, Verweise oder Beziehungen. Durch Relationen entstehen Muster. Der Schalom Gottes ist eine Wohlordnung, ein Entfaltungsfeld oder eine Freisetzungsdynamik. In dem Schalom Gottes findet das Geschaffene zu seinem eigentlichen Wesen zurück und verweist über sich hinaus zum ewigen Du, zum mir zugewandten Anderen.

Weil das Wesen des „Öffentlichen Raumes" nicht aus Gebäuden, Institutionen, Rollen oder Funktionen besteht, braucht es menschliches Handeln, um es zu gestalten. *Hannah Arendt* spricht von "Vergeben" und "Versprechen".[125] Durch Vergebung wird die Macht einer negativen Vergangenheit begrenzt und es erwächst die Kraft des Neuanfangs. Mit Zusagen wird eine unkalkulierbare Zukunft in eine Vertrauensbeziehung eingebettet. Auf diese Weise verweigern sich soziale Akteure einer fatalistischen Weltsicht mit all ihren gesellschaftspolitischen Variationen und erleben sich als aktiv Gestaltende.

Martin Buber weist darauf hin, dass wir Gott im "Wo" finden.[126] Es braucht eine Konkretion, ein Sich-Verorten. *Franz Rosenzweig* prägte den Begriff "Mückentanz der Möglichkeiten"[127]. Nur wenn aus Potentialitäten Handlungen werden, entsteht Geschichte. Vor dem Hintergrund dieser Überlegungen wird Kirche zu einem intermediären Akteur in ihrem Sozialraum.[128] Sie ermutigt einzelne, aus ihren Glaubensüberzeugungen tätige Liebe er-

---

[125] Vgl. Arendt, Vita Activa, 307.

[126] Vgl. Buber, Der Weg des Menschen, 7-14.

[127] Rosenzweig, Stern der Erlösung, 127.

[128] Leo Penta, katholischer Priester, hat die Thematik „Community Organizing" nach Deutschland geholt. Bei der Gestaltung des Gemeinwesens und der Zivilgesellschaft können Kirchen einen wertvollen Beitrag leisten. Vgl. Penta, Community Organizing; Baldas, Community Organizing. Auch Thomas Schlag befasst sich mit der Kirche als intermediären Organisation. Vgl. Schlag, Öffentliche Kirche.

wachsen zu lassen.[129] Christlicher Glaube, der in metaphysischen Spekulationen oder gut gemeinten Absichtserklärungen stecken bleibt, verliert seine Relevanz.

Kirche in ihrer Bestform gestaltet die Offenheit für das Fremde, entfeindet verhängnisvolle Beziehungsdynamiken, hält die Sehnsucht für ein geheiltes Gemeinwesen wach und buchstabiert im Tun immer wieder neu, was Humanität[130] und das dazugehörige Verhalten bedeuten könnte.

9) Urbanität, ja bitte

Zu einer theologischen Verortung gehört auch die Reflexion über den soziologischen Kontext. Wie unterscheidet sich die Organisationsform einer christlichen Gemeinschaft je nachdem, ob sie sich in dörflicher Umgebung oder im großstädtischen Milieu formiert? Welche Auswirkungen haben die Dynamiken einer Metropole auf das Beziehungsgefüge von "Kirche"?

In der Zellgemeinde leitet uns seit Jahren der Slogan "Die Stadt ist unser Zuhause!". Wir streben nicht danach, eigene Gebäude als Rückzugsorte zu erwerben oder eine Gemeindekultur aufzubauen, die sich in Abgrenzung zum Stadtleben definiert. Stattdessen ist es unser Wunsch, bewusst inmitten des städtischen Sozialraums zu leben und uns dementsprechend zu engagieren. Wenn wir uns daran erinnern, dass Gottes Geschichte mit dieser Welt in einem Garten begann und in einer Stadt enden wird, kommt dem Slogan noch eine tiefere Bedeutung zu. Wir glauben daran, dass das Wesen einer irdischen Stadt uns helfen kann, Gottes Idee für eine erneuerte Menschheit im Bild des "Neuen Jerusalems" vor Augen zu behalten.

---

[129] *"Denn wenn jemand mit Jesus Christus verbunden ist, spielt es keine Rolle, ob er beschnitten oder unbeschnitten ist. Das einzige, was zählt, ist der Glaube – ein Glaube, der sich durch tatkräftige Liebe als echt erweist."* (Gal.5,6 NGÜ)

[130] „Was es heißt, ein Mensch zu sein!" Eduardo Mendieta im Gespräch mit Cornel West, in: Manemann, Prophetischer Pragmatismus, 129-161.

Eine solche Ansicht ist unter Christen keineswegs konsensfähig. Mit Beginn der Industrialisierung und der damit zusammenhängenden Verstädterung häuften sich die Befürchtungen, dass Städte zur Verarmung, Verwahrlosung, Ausschweifung und zu einem egoistischen Lebensstil führten. Anstatt die Chancen für neue Wege des Zusammenlebens zu erkennen, wurden Städte eher mit dem schillernden Bild von "Sodom und Gomorra" oder „Babylon" in Verbindung gebracht. Sicherlich ist es aber so, dass in Städten nicht nur Böses in extremerer Form, sondern auch Gutes in inspirierender Weise zu Tage tritt.

Geschichtlich betrachtet, stehen wachsende Städte für Bildung, Toleranz, Freiheit, Unternehmergeist, Kreativität, Multikulturalität und Weltoffenheit. Städte sind Energiezentren des Neuen. In ihnen sammeln sich Intellektuelle, Kreative und Gründer. Nicht umsonst zog Paulus während seiner Missionstätigkeit bewusst in die damaligen großen Städte, um dort die neue Nachricht von Jesus bekannt zu machen.

Harvey Cox betont, dass selbst den kritisch beäugten Stadt-Effekten von sozialer Distanz, Anonymität, Differenzierung, Profanität, Mobilität, Pragmatismus und Säkularisierung etwas Befreiendes innewohnt.[131] Ein städtisches Klima "erlöst" Menschen aus dörflicher Sozialkontrolle, traditionellen Rollenbildern und kollektiven Verpflichtungen. Wer in der Stadt lebt, wählt sich eine neue "Familie von Freunden" und darf sich zugleich sozial abgrenzen und zurückziehen, ohne dadurch in Verruf zu geraten. Ohne Frage gibt es dort auch ein Überangebot von Möglichkeiten, das viele überfordern kann. Gleichermaßen eröffnet dieses aber auch weitaus mehr Entwicklungschancen, als in einem provinzielleren Sozialraum.

---

[131] Beispielsweise führt er am Themenfeld „Anonymität einer Stadt" die Befreiung vom Gesetz der sozialen Kontrolle in dörflichen Kulturen aus. Vgl. Cox, Stadt ohne Gott?, 59-62.

Nähern wir uns dem Themenfeld noch einmal von einer anderen Seite: Gleicht eine christliche Gemeinschaft eher einer Familie, einer Organisation oder einem Netzwerk? Nicht wenige projizieren in "Kirche" ihre Sehnsüchte nach einer geheilten Familie hinein. Das Ideal einer klassischen Familie korrespondiert mit einem dörflichen Klima. Erstaunlicherweise hat Jesus aber gerade die biologische Familienstruktur drastisch dekonstruiert. Er sprach von neuen Familienbeziehungen, die sich an der Ausrichtung am Willen Gottes ergeben.

Verstehen wir "Kirche" eher als Organisation, wird das Institutionelle, Funktionale und Zielgerichtete betont. Kirche ist dann ein Zusammenschluss von Menschen, die sich einem gemeinsamen Auftrag verpflichtet fühlen und einen religiösen Beitrag für die Gesellschaft leisten. Organisationen entstanden zu Beginn der Verstädterung und sind die Grundlage für größere Firmenstrukturen.

Sobald aber aus einer Kleinstadt eine Großstadtmetropole mit pulsierenden Quartieren wird, verschiebt sich die soziale Strukturgebung in Richtung "Netzwerk". Einzelne Menschen agieren in höchst unterschiedlichen Sozialkontexten. Es gibt immer weniger kleinstädtische Grenzziehungen. Stattdessen bewegen sich die Akteure in sich überlagernden weltanschaulichen und kulturellen Kraftfeldern. Nachbarschaft ist nicht mehr geographisch zu definieren und wird durch dezentrale Beziehungsfelder ersetzt.

Ohne Frage kann Gott sowohl in dörflichen, als auch in klein- oder in großstädtischen Milieus wirken. Auffällig ist aber, dass es der christliche Glaube heutzutage in Großstädten schwerer zu haben scheint. Das ist irritierend. Müssten nicht gerade Großstädte die idealen Umfelder sein, in denen Christliches in Bestform anzutreffen wäre? Gut ist es deswegen, wenn bei Inhalt und Gestalt von Gottes Mission insbesondere die Dynamiken von Großstädten positiv aufgegriffen und nicht als Bedrohung erlebt werden.

10) Schwärmender Christus

Der Leitsatz während der Reformationszeit "ecclesia semper reformanda est" heißt frei übersetzt: Eine Gemeinde, die sich in einer beständigen Erneuerung befindet. Was hat es damit auf sich? Ist das ein unerreichbares Ideal oder lässt es sich in der inhaltlichen und strukturellen Gestaltung einer christlichen Gemeinschaft ansatzweise abbilden?

Gemeindemodelle, die sich an einer "klassischen Familie" orientieren, bleiben in ihrer Versammlungsstruktur klein und entwickeln väterliche Leitungsrollen. In Organisationen gibt es in der Regel Hierarchien, die sich aus Kompetenzen und Funktionen ergeben. Wenn Kirche sich daran orientiert, entsteht im schlechtesten Fall ein starres hierarchisches Führungsmodell. Netzwerke sind dagegen nicht zentralisiert verwaltet, sondern haben mehrere Knotenpunkte. Selbst wenn dieses mehr Flexibilität ermöglicht, finden sich auch in Netzwerken nötige Beharrungsmomente.

Was wäre, wenn wir Kirche als einen Christus-Schwarm verstünden? Führe dir einen Schwarm von kleinen Vögeln vor Augen, der sich bei einem lauten Geräusch von einem brachliegenden Acker erhebt. Schwärme formieren sich nach einer ganz eigenen Logik.[132] Einzelne Vögel an den Rändern streben nach innen. Dadurch entstehen Neuformierungen. Das Vorne wird nicht durch einen einzelnen Akteur bestimmt. Bewegungsrichtungen können jederzeit wechseln. Nehmen wir an, der Heilige Geist formiert aus den an Jesus Glaubenden immer neue Christus-Schwärme, die sich je nach Umgebung und den damit zu-

---

[132] Ich verweise auf die inspirierende Aufsatzsammlung „Schwärme - Kollektive ohne Zentrum", herausgegeben von Eva Horn und Lucas Marco Gisi.

sammenhängenden Herausforderungen anders formieren. Ein sozialer Organismus im geistlichen Wind.

Damit dieses nicht bei einem blumigen Bild bleibt, möchte ich drei Bewegungsrichtungen herausstellen, die, wenn sie bewusst herbeigeführt werden, eine christliche Gemeinschaft entsprechend ihrer Botschaft vital erhalten.

(a) Von Vergangenheit in die Zukunft: Soziale Gruppen haben die Tendenz, sich über ihre Gründung und die daraus folgende Geschichte zu definieren. Auch der Begriff "Religion" wird von vielen fälschlicherweise als Rückbindung an den Ursprung gedeutet.[133] Die Identität des Volkes Israel begründet sich aber in einem Auszug aus Bestehendem, dem Exodus aus Ägypten. Der Fokus wird damit von dem Bekannten zum Unbekannten verschoben, vom Geschehenen zum Kommenden und von Traditionen auf Verheißungen. Eine Gemeinschaft, die das versteht, begrüßt das Vorläufige, Provisorische und beständig zu Verbessernde. Auf der anderen Seite beinhaltet eine solche Einstellung ein gesundes Misstrauen gegenüber Endgültigkeiten, dogmatischen Festlegungen und als selbstverständlich angesehenen Gewohnheiten. Immer geht es darum, unsinnige Verfestigungen aufzubrechen und sich erneut in das städtische Umfeld senden zu lassen.

(b) Von oben nach unten: Soziale Gruppen neigen zu Hierarchisierungen. Damit einher geht die Ausbildung von Statussymbolen, Privilegien und Machtbefugnissen. Analog dazu haben nicht wenige Menschen den Wunsch, von einem starken Leiter geführt zu werden. Solche Mechanismen müssen kritisch hinterfragt werden. Jesus hat es vorgemacht. Er verließ die himmlische

---

[133] Gewöhnlich wird das Wort „Religion" von dem lateinischen Verb „religare" abgeleitet. Das bedeutet „zurückbinden". Gemeint ist eine Rückbindung an den göttlichen Ursprung. Viel wahrscheinlicher ist aber, dass „Religion" von dem lateinischen Verb „relegere" abstammt. Dann bedeutet es „bedenken, achtgeben" und meint die Beachtung von religiösen Riten.

Welt und erniedrigte sich bis zur Arbeit eines Sklaven.[134] Er legte sich mit Mächtigen an und kritisierte ihre gefühlte Überlegenheit. Jesus hat sich geweigert, vom Volk zum König ausgerufen zu werden. Wer in einer Leitungsaufgabe von der Gruppe "erhöht" wird, muss bereit sein, niedrige Dienste zu übernehmen und sich gegebenenfalls verweigern, um einem subtilen "Königsmechanismus" zu entgehen. Um nicht falsch verstanden zu werden: Leitung ist wichtig, aber nach christlichem Muster hat jede Leitungsaufgabe eine dienende Funktion für das Ganze.

(c) Von der Mitte zu den Rändern: Sobald sich eine Gruppe herausbildet, entsteht ein innen und außen. Von Jesus lesen wir, dass er "sich entäußert" hat. Er hat gewissermaßen in seinem Innern das Außen abgeschafft. Nachdem Jesus inmitten von Jerusalem verurteilt wurde, verlässt er die kultische, religiöse Mitte des Volkes und wird außerhalb der Stadt gekreuzigt. Im Hebräerbrief werden seine Nachfolger aufgefordert, diese Ausgrenzung nachzuvollziehen.[135] Jesus ging von der Mitte zu den Rändern, um die Marginalisierten in die Mitte zu holen. Genauso funktionieren Schwärme: Die Schwächeren werden in die Mitte genommen. Auf diese Weise geschieht eine permanente Relativierung des Zentrums, welches ansonsten von den Mächtigen beansprucht wird.

Fassen wir zusammen: Wenn sich Gruppen nach rein menschlichen Aspekten formieren, kommt es zu Traditionalisierung, Hierarchisierung und Innen-Außen-Mustern. Wenn aber der Christus-Geist durch eine Gemeinschaft weht und sie zum Schwärmen bringt, entwickelt sich eine Dynamik hinein in eine geöffnete Zukunft, in dienstbereite Rollenverständnisse und zur Bereit-

---

[134] *„Er war in allem Gott gleich, und doch hielt er nicht gierig daran fest, so wie Gott zu sein. Er gab alle seine Vorrechte auf und wurde einem Sklaven gleich. Er wurde ein Mensch in dieser Welt und teilte das Leben der Menschen."* (Phil.2,6.7 GNB)

[135] *„Darum hat auch Jesus, damit er das Volk heilige durch sein eigenes Blut, gelitten draußen vor dem Tor. So lasst uns nun zu ihm hinausgehen aus dem Lager und seine Schmach tragen."* (Hebr.13,12.13 LUT)

schaft der Selbstentmittung, das heißt zu einer Wahrnehmung aus Sicht der Ränder.

Insgesamt ist dieses ein Lebensgefühl "im Anbruch des Kommenden". Unsere Rede von Gott bleibt in einer vorläufigen Welt unvollständig, wird sich aber im weiteren Verlauf der Geschichte in Hinblick auf den erwarteten Schalom vervollständigen.[136]

---

[136] „Die Eschatologie wird zum formalen Horizont der Theologie insgesamt. Neutestamentlich ist die Gottrede nicht zu trennen von der verheißenden kommenden Gottesherrschaft. Das heißt aber, dass die Gottheit Gottes unter den Bedingungen der Gegenwart gar nicht adäquat aussagbar ist, sondern ein Bewusstsein erfordert, das von vornherein auf die Veränderung der Gegenwart und ihrer Verstehensbedingungen abzielt. Gefordert ist also eine politische Hermeneutik des Glaubens, in der Theorie und Praxis des Glaubens dialektisch miteinander verschränkt sind." (Kern, 29)

VI. Konkrete Herausforderungen

Kommen wir zum Anfang zurück. Missioniert werden bedeutet gesandt werden. Die Welt ist der Kontext, der Schalom ist das Ziel und die Kirche ist der Träger der Mission. Diese Botschaft der Mission konkretisiert sich in dreifacher Weise: In einer Bekanntmachung des messianischen Christuswirkens (Kerygma), einer am Schalom ausgerichteten Gemeinschaft (Koinonia) und einem heilenden Tun im umliegenden Sozialraum (Diakonia).

In diesem letzten Abschnitt soll der Versuch unternommen werden, besondere Herausforderungen in Bezug auf die gelebte Sendung zu benennen und mögliche Perspektiven aufzuzeigen.

1) Religiöse Entgiftung

Verzerrte Glaubensvorstellungen sind sehr hartnäckig. Vor Jahren schrieb *Tilman Moser* als Psychotherapeut über "Gottesvergiftungen".[137] Die Liste von Vorkommnissen ist lang, in denen Gott von religiösen Obrigkeiten dazu missbraucht wurde, andere zu manipulieren, einzuschüchtern oder zu einem blinden Gehorsam zu nötigen. *Frank Viola* spricht von einem "heidnischen Christentum".[138] Er bezieht sich auf Leitungsstrukturen, Rollenbilder, religiöse Rituale und Versammlungsformen. In seinem kirchengeschichtlichen Kompendium führt er allerlei Vorstellungen und Praktiken auf, die aus einer andersreligiösen Umwelt aufgenommen und mit einem christlichen Etikett versehen wurden.

Umso verständlicher ist es, wenn viele Zeitgenossen allzu überzeugten Glaubenspräsentationen skeptisch gegenüberstehen. Mir scheint aber, dass solche Ablehnung überwiegend auf-

---

[137] Vgl. das gleichnamige Buch von Tilman Moser, Gottesvergiftungen.

[138] Vgl. das gleichnamige Buch von Frank Viola und George Barna, Heidnisches Christentum?.

grund verzerrter Erscheinungsformen entsteht. Häufig tragen leider gerade diejenigen, die sich vehement als Christen bezeichnen, zu solchen Fehldeutungen bei. Verengte, radikalisierte und angstbesetzte Gottesbilder und Heilserwartungen führen dann zu einem aufdringlichen und wenig sozialen Verhalten.

Um die Missionierung der Kirche zum Leuchten zu bringen, braucht es Korrekturen. Sie beginnt in den Köpfen der Gläubigen. Religiöse Entgiftung ist kein einmaliges Ereignis. Stattdessen braucht es wie bei einer Dialyse eine regelmäßige Reinigung und Heilung von unseren theologisch-traditionellen Pathologien. Dieses geschieht im achtsamen und gemeinsamen Lesen der Bibel insbesondere der Jesusgeschichten, im sensiblen Hören auf die Impulse des Geistes und durch ein waches Gespür für die Belange der Mitmenschen.

Engagiere dich für eine Form von Kirche, die sich ihrer geschichtlichen Fehlentwicklungen bewusst ist und diese nicht abstreitet. Eine Form von Kirche, die bereit ist, sich ihr zweifelhaftes Auftreten von der Umwelt zurückspiegeln zu lassen. Eine Form von Kirche, die ihren Frieden in dem Christusereignis gefunden hat und gleichzeitig sensibel für echte Kommunikation mit andersgläubigen Mitmenschen ist.

2) Praktizierter Glaube

In evangelischer Tradition wurde und wird gelehrt, dass wir allein durch den Glauben an Christus vor Gott annehmbar werden. Zur Zeit der Reformation war es verständlich, dass sich Martin Luther gegen das sogenannte Ablass-Handel-System der katholischen Kirche gestellt hat. Zu Recht wurde betont: Über das Tun des Guten lassen sich keine Pluspunkte im Himmel sammeln. Unglücklicherweise ist damit jegliches menschliche Engagement unter den Verdacht der Werkgerechtigkeit geraten.

Wenn wir als Kirche in Gottes Sendung zur Welt leben wollen, brauchen wir ein integriertes Verständnis vom menschlichen Wirken. Weder geht es um selbstdarstellerischen Aktionismus noch um eine fatalistisch-abwartende Frömmigkeit. Auch sonntäglich abstrakte Appelle zu mehr Hingabe und "Missionstätigkeit" bewirken eher das Gegenteil. Statt in ein statisches Entweder-Oder zwischen innerem Glauben und tätiger Liebe zu verfallen, braucht es einen spirituellen Rhythmus, der auf einfache Weise verstehbar ist und inmitten aller familiären, beruflichen und gesellschaftlichen Verpflichtungen gelebt werden kann.[139]

Jesus sprach vom Hören und Tun. Gut ist es, sich im Rahmen einer christlichen Gemeinschaft für Impulse des Geistes zu öffnen, einander das Gehörte mitzuteilen, um es dann zu tun. Hilfreich ist die Lesepraxis des Bibel-Teilens, eine Methodik, die in südamerikanischen und asiatischen Basisgemeinden oder in afrikanischen "Kleinen christlichen Gemeinschaften" angewendet wird.[140] Ziel ist es, nicht in komplizierten Glaubensreflexionen stecken zu bleiben, sondern sich in jeweils konkrete kleine Aufgaben zu seinen Mitmenschen senden zu lassen und sich für eine gerechtere Welt einzusetzen.[141]

Engagiere dich für eine Form von Kirche, die zwar einfach, aber nicht simpel ist. Eine Kirche, die nicht im Hören, Glauben, Anbeten und der Suche nach Geisterlebnissen steckenbleibt. Eine Kirche, die sich zurückspiegeln lässt, dass Denken, Verstehen und Diskutieren noch kein Tun des Guten ist. Eine Kirche, die gleichermaßen weiß, dass jegliches Tun in Hinblick auf den kom-

---

[139] Dorothee Sölle beschreibt anhand von Personen aus der Kirchengeschichte, dass innere Gotteserfahrung (Mystik) und äußere Gestaltungskraft (Widerstand) eng zusammen gehören. Vgl. Sölle, Mystik und Widerstand.

[140] Vgl. dazu die Dissertation von Klaus Vellguth, Eine neue Art, Kirche zu sein.

[141] Zum aktuellen Stand einer politischen Theologie: Vgl. Welker, Theologische Anstöße 1. Mit Beiträgen von Francis Schüssler Fiorenza, Klaus Tanner, Michael Welker, Johann Baptist Metz, Jürgen Moltmann und Elisabeth Schüssler Fiorenza.

menden Schalom aus der spirituellen Beziehung zum Messias erwächst.

3) Dialogisch leben

Für viele Jahrhunderte war der christliche Glaube im europäischen Kulturraum die Religion der Überlegenen. Es gab zwar starke religiöse Konflikte wie zum Beispiel zur Zeit der Reformation, aber immer betraf es nur innerchristliche Fragestellungen. Im Zusammenhang mit der Aufklärung wurde dann die Verflochtenheit von Kirche und Staat mehr und mehr kritisch reflektiert. Ziel war es, einen säkularen Staat zu entwerfen, in dem es zwar Religions- und Gewissensfreiheit für den Einzelnen gab, der sich aber selbst weltanschaulich neutral verhielt.[142]

Während sich einerseits der christliche Glaube immer stärker mit dem aufkommenden Bürgertum verband und das Ideal einer christlichen Kultur für erreichbar hielt,[143] begannen sich andererseits Missionsbestrebungen in Hinblick auf die verschiedenen Kolonien zu formieren. Man war davon überzeugt, die überlegene Religion zu verbreiten. Dass es dabei zu einer unsäglichen Verflechtung von christlicher Motivation und kultureller Arroganz, Machtausübung, Ausbeutung und Unterdrückung der einheimischen Bevölkerungen gekommen ist, ist inzwischen hinlänglich bekannt und erforscht worden.[144]

---

[142] Mark Lilla zeichnet den verwinkelten Entstehungsweg eines aufgeklärten Staates. Er plädiert für eine konsequente Verbannung des Religiösen aus der politischen Sphäre. Vgl. Lilla, Der totgeglaubte Gott.

[143] Üblicherweise wird die Verbindung von christlichem Glauben und Bürgertum mit dem Protestantismus in Zusammenhang gebracht. Im Zuge der neuen politischen Theologie und befreiungstheologischen Ansätzen aus Südamerika erhebt auch Johann Baptist Metz, als katholischer Theologe, massiv gegen die Verbürgerlichung des Christentums seine Stimme. Vgl. Metz, Jenseits bürgerlicher Religion. Rupert Lay entwirft das Profil eines christlichen Glaubens jenseits von Kirche. Lay, Nachkirchliches Christentum.

[144] In der Missionserklärung „Gemeinsam für das Leben" des Ökumenischen Rates der Kirchen von 2012 heißt es: *„Wir bedauern, dass die mit der Kolonialherr-*

Im 20. Jahrhundert galt über weite Strecken die sogenannte Säkularisierungsthese. Diese besagte, dass je aufgeklärter eine Gesellschaft wird, religiöse Ansichten quasi von selbst rückläufig wären. Inzwischen ist längst von einem Wiedererstarken der Religion die Rede.[145] Der christliche Glaube steht nicht mehr einer säkularen Kultur oder vereinzelten esoterischen Spiritualitäten gegenüber, sondern teilt sich den öffentlichen Raum mit anderen Weltreligionen. Bei vielen löst das Verunsicherung aus. Die einen plädieren für einen intensiveren interreligiösen Dialog, die anderen neigen zu fundamentalistischen Selbstvergewisserungen. Schon 1958 hielt der jüdische Gelehrte *Abraham Heschel* einen Vortrag mit dem Titel „Religion in einer freien Gesellschaft".[146] Seitdem mehren sich die Reflexionen, wie wir uns als Christen in einer postchristlichen Kultur positionieren und einbringen können.[147]

Engagiere dich für eine Form von Kirche, die sensibel gegenüber einem arroganten Überlegenheitsgehabe des christlichen Glaubens ist. Eine Kirche, die fähig ist, anderen spirituellen Weisheitstraditionen zuzuhören und von ihnen zu lernen. Eine Kirche, die Jesus und seine Botschaft ins Gespräch bringt und

---

schaft einhergehende Missionsarbeit Kulturen häufig verleumdet und die Weisheit lokaler Bevölkerungen nicht anerkannt hat." World Council of Churches, Gemeinsam für das Leben, Seite 6, Abschnitt 27.

[145] Paul M. Zulehner erforscht seit Jahren die verschiedenen Formen wachsender spiritueller Dynamik in säkularen Gesellschaften. Vgl. Zulehner, Gottes-Sehnsucht.

[146] Vgl. Heschel, Die ungesicherte Freiheit, Religion in einer freien Gesellschaft, 3-20.

[147] Auf einige Veröffentlichungen sei hier verwiesen: Newbegin, Foolishness to the Greeks. Newbegin, The Gospel in a Pluralist Society. Frost, Exiles. Pechmann, Zeugnis im Dialog der Religionen und der Postmoderne. Volf, Öffentlich glauben in einer pluralistischen Gesellschaft. Krämer, Weltkirchliche Spiritualität. Besonders zu erwähnen, sind die kleinen Schriften von Horst Georg Pöhlmann, in denen er einen interreligiösen Dialog „von unten" demonstriert. Ihm geht es um ein direktes, freundliches Gespräch mit Fachgelehrten anderer Religionen und nicht um eine theoretisch abstrakte Diskussion. Vgl. Pöhlmann, Islam und Christentum im Dialog.

davon überzeugt ist, dass diese Botschaft nicht mit Gewalt verbreitet werden darf. Eine Kirche, die eng verbunden mit dem
Geist des auferstandenen Christus lebt und darauf vertraut, dass
es Gott selbst ist, der suchende Menschen von innen berührt und
erreicht.

4) Mobile Aktionsteams

Um eine beziehungssensible und kulturintegrierte Form von Kirche zu leben, braucht es eine Netzwerkstruktur von vielen kleinen Gruppen. Das strukturelle Konzept einer Zellgemeinde leitet
sich von biologischen Zellen in einem Organismus ab. Häufig
verbindet sich mit diesem Ansatz ein hierarchisches Leitungssys-
tem analog zum Jitro-Modell in den Mosebüchern.[148] Eine solche
hierarchische Leitungskultur hat weniger mit neutestamentli-
chen Aussagen als vielmehr mit der kulturellen Gegebenheit in
Asien, Südamerika oder Afrika zu tun, in denen Cell-Churches
die zahlenmäßig größten Kirchen bilden.

Die westeuropäische Kultur steht pyramidenartigen Organi-
sationsstrukturen eher skeptisch bis ablehnend gegenüber. Das
muss kein Nachteil sein. Im Gegenteil: Es könnte uns der neutes-
tamentlichen Botschaft näher bringen. Auf Grundlage dieser
Überzeugung werden wir angespornt, ein flexibles Netzwerk
von Kleingruppen zu fördern. Kleingruppen verstehen sich dabei als eigenverantwortliche kirchliche Basisgemeinschaften und
als nachbarschaftliche Konkretionen der allgemeinen Kirche, die
bereit sind, sich durch geistliche Impulse senden zu lassen.[149] Die

---

[148] Der Begriff „Jitro-Modell" bezieht sich auf die Passage 2.Mose 13-27. Jitro,
der Schwiegervater von Mose, empfahl Konfliktschlichter im Volk einzusetzen,
um die Arbeit für Mose zu erleichtern. Es wurden Verantwortlichkeiten über
10, 50, 100 und 1000 eingeteilt. An dieser Vorlage orientieren sich häufig die
Leitungsstrukturen von Zellgemeinden.
[149] Vitale kleine Gruppen leben in einem spirituellen Hören-Tun-Rhythmus. Sie
hören im Gebet und durch das Studium der Bibel auf geistliche Impulse und
suchen anschließend nach den passenden Ansätzen, um das Gehörte umzuset-

Zusammengehörigkeit solcher Zellgruppen entsteht durch gemeinsame Werte und nicht durch Leitungsautorität.

Eine solche Formierung einer christlichen Gemeinschaft verzichtet häufig bewusst auf eigene Räumlichkeiten. Dahinter steht keine kategorische Verneinung von Immobilienbesitz. Vielmehr wird auf diese Weise durchbuchstabiert, dass die Sendung Christi immer inmitten säkularer Räumlichkeiten stattfindet: in Tanzstudios, Kulturzentren, Bürgerhäusern, an Universitäten, in Cafés oder im Theater. Für die Sendung Christi gibt es keine unheiligen Orte.

Engagiere dich für eine Form von Kirche, die sich nicht nur am Sonntag, sondern überall an jedem Ort in kleinen Gruppen versammeln kann und will. Eine Kirche, die mitten im Leben, also im Studium, an der Arbeit, während der Freizeit und in der Nachbarschaft Gestalt gewinnt. Eine Kirche, die eine pulsierende Gruppenstruktur in der gesamten Stadt entwickelt und ihre Identität nicht von einem Gebäude ableitet.

5) Leitung ohne Amt

Der Leitungsstil einer christlichen Gemeinschaft ist so etwas wie die Nagelprobe in Bezug auf Grundwerte. An ihm erweist sich, ob sich die Inhalte des Evangeliums in der Organisationsstruktur niederschlagen. *Leonardo Boff* hat bereits in den 80er Jahren kritisiert, dass im Rahmen des katholischen Leitungsmodells Menschenrechtsverletzungen stattfinden.[150] Dieses ist keineswegs auf nur eine Konfession beschränkt.

Immer wenn sich Kirche als Institution versteht und Gebäude und Programme verwaltet werden müssen, braucht es verantwortliche Personen mit gewissen Befugnissen. Unweigerlich bilden sich Rangordnungen heraus. Bevor dies zu subtilen Konkur-

zen.
[150] Vgl. Boff, KIRCHE: Charisma und Macht, 31-60.

renzkämpfen führt, ist es sinnvoll, diese Rangordnungen offiziell zu machen. Bei all diesen Erfahrungen sollte aber nicht aus dem Blick geraten, dass wir es im Grundansatz mit "weltlichen Herrschaftsstrukturen" zu tun bekommen. Unbestritten wird im Neuen Testament von "Bischöfen, Ältesten und Diakonen" gesprochen. Nachdem Jesus aber gerade ein weltliches Leitungsverständnis dekonstruiert hatte, dürfen mit Hilfe dieser Begriffe nicht erneut Herrschaftsrollen eingeführt werden.

Wie gelingt eine Organisationskultur, die nicht von Oben-Unten-Mustern geprägt ist? Auf welche Weise können Entscheidungen gefällt werden, die alle Perspektiven berücksichtigen, ohne einen vorschnellen Konsens zu erzwingen? Es ist gut, einen Leitungsstil zu fördern, dem man die dienende Gesinnung für den Einzelnen im Ganzen abspürt. Gemeinde ist ein lernender Organismus. Eine interessante Spur für eine freisetzende Partizipationskultur ist das Modell der "Holakratie"[151].

Engagiere dich für eine Form von Kirche, die die Verbesserungsvorschläge möglichst vieler Akteure berücksichtigen will. Eine Kirche, die sich durch Neues nicht bedroht fühlt, sondern lernt, in ungeklärten "Gewässern" aufmerksam zu navigieren. Eine Kirche, die sich der Notwendigkeit von einer rechtlich legitimierten Leitung bewusst ist, ohne daraus starre hierarchische Rollenmodelle abzuleiten.

6) Transparentes Lernen

Zu den spannendsten Entwicklungen gehört die Digitalisierung und weltweite Vernetzung durch das Internet. Damit einher geht eine Demokratisierung des Wissens, Online-Lernmodelle, dezen-

---

[151] Mit Holakratie wird ein neues Organisationsmodell bezeichnet, das von der Bestimmung des Ganzen her denkt und die einzelnen Akteure mithilfe regelmäßiger Feedbackprozesse größtmöglich für ihre Aufgabe freisetzt. Es ist ein Ansatz, der nahezu ohne menschliche Hierarchien auskommt. Vgl. Robertson, Holacracy; Laloux, Reinventing Organizations.

trale Kooperationen und die medial unterstützte Erzählung von Geschichten. Botschaften werden nicht mehr allein mit Buchstaben, sondern durch Fotos, Filme und Musik weltweit verfügbar gemacht. Wir erleben einen ähnlichen Umbruch der Kommunikationskultur wie vor 500 Jahren durch die Erfindung des Buchdrucks. Was bedeuten diese Entwicklungen für die Sendung von Kirche? Wie können wir die neuen Technologien nutzen, um miteinander vernetzt und flexibel zu handeln?

Der Wert der Transparenz ist in den letzten Jahren immer stärker ins Blickfeld gerückt.[152] Auf Dauer bleibt nichts verborgen. Der jahrtausendealte Grundsatz "Wissen ist Macht" fängt an, an Bedeutung zu verlieren. Um so wichtiger ist es, dass sich Kirche nirgends wie ein „religiösen Geheimkult" verhält. Stattdessen gilt der Grundsatz: Alles darf jederzeit öffentlich sein. Nichts wird hinter "verschlossenen Türen" besprochen. Der christliche Glaube ist keine Geheimlehre für Eingeweihte. Diese Einsicht zwingt christliche Gemeinschaften im guten Sinne, zu jeder Zeit und an jedem Ort integer zu sein. Transparenz ist die beste Medizin gegen Heuchelei.

Mit der fortlaufenden Entwicklung von Open Source-Software entstehen immer mehr Möglichkeiten. Ob virtuelle Büros, frei verfügbare Schulungskurse, flexible Verwaltung von Gruppenzusammensetzungen oder dezentrale Planung von Einsatzlisten - immer geht es um eine transparente Organisation und Teilung der Ressourcen. Dieses ersetzt natürlich nicht den direkten menschlichen Kontakt, aber es verändert unsere Weitergabe von Wissen.

---

[152] Im ersten Trendreport vom betterplace lab wird unter dem Stichwort „Glasklar" ausgeführt: *„Transparenz ist ein Megatrend und Teil der Internetkultur. In Zukunft werden Organisationen des sozialen Sektors zunehmend glasklar und gewähren Einblick in ihre Daten, Strukturen und Arbeitsweisen, um Vertrauen zu schaffen und Professionalisierungspotential zu erschließen."* Vgl. Breidenbach, betterplace lab Trendreport, 13.

Engagiere dich für eine Form von Kirche, in der persönliches Mentoring mit Online-Tools Hand in Hand gehen. Eine Kirche, die es grundsätzlich begrüßt, mit viel Transparenz zu arbeiten und mit einer integeren Sprache aufzutreten.

7) Am Vorne ausgerichtet

Es ist leicht, allgemein von einem zukünftigen Schalom zu sprechen. Man wärmt sein Herz an einer frommen Utopie, während Entscheidungen des täglichen Lebens nach ganz anderen Grundsätzen gefällt werden. Die Formung einer christlichen Gemeinschaft aus dem Vorne beweist sich insbesondere an konkreten ethischen Fragestellungen.

Ohne dass es vermutlich vielen Christen bewusst ist, wird bei Themen der Lebensführung häufig mit dem sogenannten offenbarten Naturrecht argumentiert. Man meint damit zum Beispiel: Der Mensch, Mann und Frau, haben eine gesetzte Natur, die von Gott vorgegeben ist. Nun gilt es, sich entsprechend dieser inneren Natur zu verhalten.[153] Ähnlich ist es bei den Themenfeldern "Ehe" oder "Elternschaft". Immer geht man davon aus, dass das Eigentliche bereits klar wäre und dass von diesem Standpunkt aus über Abweichungen geurteilt werden könne.

Aber: Selbst wenn wir bestimmte vorgegebene Rollenbilder aus der Bibel ableiten könnten, wären sie immer noch vorwiegend an der Schöpfung oder dem Alten Testament ausgerichtet. Welche Konsequenzen hat es aber für die Botschaft der Kirche,

---

[153] Die Gender-Forschung stellt genau diese Überzeugung in Frage. Demnach bildet sich neben dem biologischen Geschlecht (sex) ein soziales Geschlecht (gender). Die Bildung des sozialen Geschlechts ergibt sich aus einem breit angelegten, oftmals unbewussten, gesellschaftlichen Diskurs. Häufig wird Judith Butler als eine der extremsten Vertreterin zitiert. Tatsächlich vertritt sie aber nicht die Position, dass das eigene Geschlecht von einer betroffenen Einzelperson frei wählbar sei. Vielmehr geht es darum, dass wir uns alle gemeinsam in einem verflochtenen, gesellschaftlichen Deutungsprozess befinden. Vgl. Villa, Judith Butler, 59-78.

dass Jesus Frauen als Jüngerinnen hatte und Ausgegrenzte zu seinen Aposteln machte? Jesus stellte Kinder, also die nachfolgende Generation, als Vorbild in die Mitte. Paulus sprach davon, dass in Christus soziale und kulturelle Barrieren überwunden werden.[154] Ist dieses nur eine unerreichbare Wunschvorstellung?

Wie wäre es, wenn wir bei Rassen, Geschlechtern oder Beziehungsformen nicht von festgelegten Merkmalen ausgehen würden, sondern das Wohin mehr in den Blick bekämen als das Woher? In Gottes neuer Welt wird es nur noch von Christus geprägte Menschen geben. Gemeinsam sind wir auf dem Weg dorthin und lernen immer mehr, schon jetzt in Vertrauen und Respekt miteinander zu leben.

Engagiere dich für eine Form von Kirche, in der die Beteiligten mehr auf ihre eigenen Lernfelder achten, als das Leben von anderen zu beurteilen. Eine Kirche, die sich auf die geheilte Welt Gottes freut und einander für diesseitige Vorläufigkeiten keine Vorwürfe macht. Eine Kirche, die es aushält, dass jede*r von uns noch unfertig ist.

8) Heilsame Verunsicherung

Wir sind am vorläufigen Ende unserer inhaltlichen Reise. Diese Ausführungen gleichen einer Zwischenbilanz und sind unfertig. Zu Recht werden am Glauben interessierte Zeitgenossen misstrauisch, wenn sie sich mit einem starren Glaubenssystem konfrontiert sehen. Selbst die Bibel ist eine Bibliothek von Schriften über einen Zeitraum von 1000 Jahren, in der die einzelnen Autoren kritisch miteinander im Gespräch stehen. Das schmälert nicht die Botschaft. Im Gegenteil: Du bist eingeladen, selbst Teil dieser noch unabgeschlossenen Geschichte zu werden.

---

[154] *"Nun gibt es nicht mehr Juden oder Nichtjuden, Sklaven oder Freie, Männer oder Frauen. Denn ihr seid alle gleich - ihr seid eins in Jesus Christus."* (Gal.3,28 NLB)

Wenn wir in einer Ein-Welt leben und Kirche inmitten dieser Welt zur Welt gesandt ist, muss sie ihre Inkulturation wollen. Es gibt die gute Botschaft von Jesus niemals in einer sterilen heiligen Sprache, sondern immer nur inmitten von weltgemäßen Ausdrucksformen an konkreten Orten in bestimmten kulturellen Ausprägungen. Wir selbst befinden uns als Schüler*innen von Jesus niemals außen vor, sondern sind immer von der Welt Geprägte und sie Prägende.

Daraus folgt, dass wir zu keiner Zeit auf "sicherem, neutralem Boden" stehen, von dem aus wir die Weltlichkeit der Welt beurteilen könnten. Das macht vorsichtig und zurückhaltend. Es erzeugt eine heilsame Verunsicherung. Wir haben blinde Flecken und merken häufig nicht, wo unsere Vorstellungen mehr kulturell und weniger von biblischen Inhalten geprägt sind. Das gilt auch für diese Ausführungen. Möglicherweise ist aber gerade das, was von manchen Christinnen und Christen als bedrohliche Säkularisierung wahrgenommen wird, ein geheimnisvolles Handeln Gottes, um dem Christentum seine heidnische Religiosität vor Augen zu führen.

Engagiere dich für eine Form von Kirche, die sich fest an Jesus orientiert, aber keineswegs überheblich auftritt. Eine Kirche, die nicht starre Standpunkte vertritt, sondern zu dynamischen Entfaltungswegen einlädt. Eine Kirche, die sich darüber bewusst ist, dass sie Gottes wertvolle Botschaft allein in einer menschlichen Gestalt zur Verfügung gestellt bekommen hat.

"Wir haben aber diesen Schatz in irdenen Gefäßen, damit das Übermaß der Kraft von Gott sei und nicht aus uns." (2.Kor.4,7)

Literaturverzeichnis

Arendt, Hannah (2007): Vita Activa oder Vom tätigen Leben, 6. Auflage, München.

Baeck, Leo (1995): Das Wesen des Judentums, Wiesbaden.

Baldas, Eugen (Hrsg.) (2010): Community Organizing - Menschen gestalten ihren Sozialraum, Freiburg.

Barr, James (1967): Alt und Neu in der biblischen Überlieferung. Eine Studie zu den beiden Testamenten, München.

Berneburg, Erhard (1997): Das Verhältnis von Verkündigung und sozialer Aktion in der evangelikalen Missionstheorie, Wuppertal.

Böhm, Manfred (1988): Gottes Reich und Gesellschaftsveränderung - Traditionen einer befreienden Theologie im Spätwerk von Leonhard Ragaz, Münster.

Boff, Leonardo (2009): KIRCHE: Charisma und Macht, 25 Jahre Befreiungstheologie, Gütersloh.

Bonhoeffer, Dietrich (1985): Widerstand und Ergebung, 13. Auflage, Gütersloh.

Bosch, David J. (2012): Mission im Wandel: Paradigmenwechsel in der Missionstheologie, Gießen.

Breidenbach, Joana; Buchmann, Dennis (2012): betterplace lab Trendreport, Berlin.

Buber, Martin (2006): Der Weg des Menschen nach der chassidischen Lehre, 15. Auflage, Gütersloh.

_____ (1995): Ich und Du, Stuttgart.

Buess, Eduard; Mattmüller, Markus (1986): Prophetischer Sozialismus. Blumhardt - Ragaz - Barth, Freiburg (Schweiz).

Cox, Harvey (1966): Stadt ohne Gott?. Stuttgart

Deibl, Jakob Helmut (2013); Menschwerdung und Schwächung - Annnäherung an ein Gespräch mit Gianni Vattimo, Göttingen.

Drewermann, Eugen (2013): Heilende Religion: Überwindung der Angst, Freiburg.

Enns, Fernando; Weiße, Wolfram (Hrsg.) (2016): Gewaltfreiheit und Gewalt in den Religionen - Politische und theologische Herausforderungen, Münster.

Erler, Hans; Ehrlich, Ernst Ludwig (2002): Judentum verstehen: Die Aktualität jüdischen Denkens von Maimonides bis Hannah Arendt, Frankfurt am Main.

Faix, Tobias (2014): Warum ich nicht mehr glaube: Wenn junge Erwachsene den Glauben verlieren, Witten.

Frankemölle, Hubert (2009): Das jüdische Neue Testament und der christliche Glaube: Grundlagenwissen für den jüdisch-christlichen Dialog, Stuttgart.

Frost, Michael (2006): Exiles - Living Missionally in a Post-Christian Culture, 2. Auflage, Peabody.

Gelhard, Andreas (2005): Levinas, Leipzig.

Giesekus, Ulrich (2013): Glaub dich nicht krank: Befreites Christsein, Holzgerlingen.

Girard, René; Vattimo, Gianni (2008): Christentum und Relativismus, Freiburg.

Girard, René (2002): Ich sah den Satan vom Himmel fallen wie ein Blitz, München.

Green, Brian (2004): Der Stoff, aus dem der Kosmos ist. Raum, Zeit und die Beschaffenheit der Wirklichkeit, München.

Habermas, Jürgen (2012): „Das Politische" - Der vernünftige Sinn eines zweifelhaften Erbstücks der Politischen Theologie, in: Mendieta, Eduardo; VanAntwerpen, Jonathan (Hrsg.); Religion und Öffentlichkeit, Berlin.

Heschel, Abraham J. (1985): Die ungesicherte Freiheit, Neukirchen-Vluyn.

Hoekendijk, Johannes Christiaan (1964): Die Zukunft der Kirche und die Kirche der Zukunft, Stuttgart.

Horn, Eva; Gisi, Lucas Marco (Hrsg.) (2009): Schwärme - Kollektive ohne Zentrum. Eine Wissensgeschichte zwischen Leben und Information, Bielefeld.

Keller, Catherine (2013): Über das Geheimnis: Gott erkennen im Werden der Welt. Eine Prozesstheologie, Freiburg.

Krämer, Klaus; Vellguth, Klaus (Hrsg.) (2013): Weltkirchliche Spiritualität - Den Glauben neu erfahren, Freiburg.

Küng, Hans (2013): Jesus, München.

Kuske, Martin (1984): Weltliches Christsein, Dietrich Bonhoeffers Vision nimmt Gestalt an, München.

Laloux, Frederic (2015): Reinventing Organizations: Ein Leitfaden zur Gestaltung sinnstiftender Formen der Zusammenarbeit, München.

Lapide, Pinchas; Luz, Ulrich (2003): Der Jude Jesus - Thesen eines Juden - Antworten eines Christen, 3. Auflage, Düsseldorf.

Lapide, Pinchas (1993): Entfeindung leben?, Gütersloh.

_____ (2004): Ist die Bibel richtig übersetzt?, Gütersloh.

Lay, Rupert (1995): Nachkirchliches Christentum - Der lebende Jesus und die sterbende Kirche, 4. Auflage, Düsseldorf.

Lilla, Mark (2013): Der totgeglaubte Gott: Politik im Machtfeld der Religionen, München.

Löwith, Karl (2004): Weltgeschichte und Heilsgeschehen. Die theologischen Voraussetzungen der Geschichtsphilosophie, Stuttgart.

Manemann, Jürgen; Arisaka, Yoko; Drell, Volker; Hauk, Anna Maria (2013): Prophetischer Pragmatismus. Eine Einführung in das Denken von Cornel West, 2. Auflage, München.

Mendieta, Eduardo; VanAntwerpen, Jonathan (2012): Religion und Öffentlichkeit, Berlin.

Metz, Johann Baptist (1980): Jenseits bürgerlicher Religion - Reden über die Zukunft des Christentums ,2. Auflage, München.

Moltmann, Jürgen (2005): Theologie der Hoffnung, Untersuchungen zur Begründung und zu den Konsequenzen einer christlichen Eschatologie, 14. Auflage, Gütersloh.

Moser, Tilman (1980): Gottesvergiftung, Berlin.

Nee, Watchman (1969): Sitze, wandle, stehe, 7. Auflage, Winterthur.

Neusner, Jacob (2007): Ein Rabbi spricht mit Jesus, 2. Auflage, Freiburg.

Newbegin, Lesslie (1986): Foolishness to the Greeks - The Gospel and Western Culture, Grad Rapids.

_____ (1989): The Gospel in a Pluralist Society, London.

Ökumenische Rundschau 1/2015: Ökumenischer Pilgerweg der Gerechtigkeit und des Friedens, Leipzig.

Pechmann, Ralph; Reppenhaben, Martin (Hrsg.) (1999): Zeugnis im Dialog der Religionen und der Postmoderne, Neukirchen-Vluyn.

Penta, Leo (2007): Community Organizing - Menschen verändern ihre Stadt, Hamburg.

Pöhlmann, Horst Georg; Razvi, Mehdi (2007): Islam und Christentum im Dialog, 2. Auflage, Frankfurt am Main.

Ratzinger, Joseph (Benedikt XVI.) (2008): Jesus von Nazareth: Erster Teil. Von der Taufe im Jordan bis zur Verklärung, Freiburg.

Rauschenbusch, Walter (2008): Christianity and the Social Crisis in the 21st Century: The Classic That Woke Up the Church, San Francisco.

Robertson, Brian J. (2016): Holacracy: Ein revolutionäres Management-System für eine volatile Welt, München.

Rosenzweig, Franz (1996): Der Stern der Erlösung. 5. Auflage, Frankfurt am Main.

Schlag, Thomas (2012): Öffentliche Theologie - Grunddimensionen einer praktisch-theologischen Kirchentheorie, Theologische Studien 5, Zürich.

Scholem, Gershom (1970): Über einige Grundbegriffe des Judentums, 9. Auflage, Berlin.

Sölle, Dorothee (2014): Mystik und Widerstand, Freiburg.

Sorc, Ciril (2005): Entwürfe einer perichoretischen Theologie, Münster.

Vattimo, Gianni; Schröder, Richard; Engel, Ulrich (2004): Christentum im Zeitalter der Interpretation, Wien.

Vattimo, Gianni (1997), Glauben - Philosophieren, Stuttgart.

_____ (2004): Jenseits des Christentums: Gibt es eine Welt ohne Gott?, München.

Vellguth, Klaus (2005): Eine neue Art, Kirche zu sein - Entstehung und Verbreitung der Kleinen Christlichen Gemeinschaften und des Bibel-Teilens in Afrika und Asien, Freiburg.

Villa, Paula-Irene (2012): Judith Butler, 2. Auflage, Frankfurt am Main.

Viola, Frank; Barna, George (2010): Heidnisches Christentum?, Bruchsal.

Viviano O.P., Benedict Thomas (2014): Das Reich Gottes in der Geschichte. Zwischen Befreiungsbotschaft und Machtlegitimation, Regensburg.

Volf, Miroslav (2015): Öffentlich glauben in einer pluralistischen Gesellschaft , Marburg.

_____ (2012): Von der Ausgrenzung zur Umarmung, Versöhnendes Handeln als Ausdruck christlicher Identität, Marburg an der Lahn.

Wallis, Jim (2007): Wer, wenn nicht wir - Streitbare Visionen für eine gerechtere Politik, Moers.

_____ (2008): Seven Ways to Change the World - Reviging Faith and Politics, Oxford.

Warren, Rick (1995): The Purpuse Driven Church. Growth Without Compromising Your Message & Mission, Grand Rapids, Michigan.

Welker, Michael (Hrsg) (2011): Theologische Anstöße 1, Politische Theologie - Neuere Geschichte und Anstöße, Mit Beiträgen von: Francis Schüssler Finrenza / Klaus Tanner / Michael Welker (Hrsg.) / Johann Baptist Metz / Jürgen Moltmann / Elisabeth Schüssler Fiorenza, Neukirchen-Vluyn.

Wink, Walter (2014): Verwandlung der Mächte: Eine Theologie der Gewaltfreiheit, Regensburg.

World Council of Churches (2012): Gemeinsam für das Leben: Mission und Evangelisation in sich wandelnden Kontexten, Kolympari.

Yoder, John Howard (2012): Die Politik Jesu, Schwarzenfeld.

_____ (2011): Die Politik des Leibes Christi, Als Gemeinde zeichenhaft leben, Schwarzenfeld.

Zulehner, Paul M. (2010): GottesSehnsucht: Spirituelle Suche in säkularer Kultur, 2. Auflage, Ostfildern.

Weitere Veröffentlichungen

Website: www.jensstangenberg.de

PODCASTS:

Radikale Reformation - Der "linke Flügel" der Reformation
- Website: www.radikale-reformation.de
- iTunes:
  https://itunes.apple.com/de/podcast/id1202553188

3 Gesichter des Evangeliums - oder: Was ist das Gute an der Guten Nachricht?
- Website: www.zellgemeinde-bremen.de/podcast/3-gesichter-des-evangeliums/
- iTunes:
  https://itunes.apple.com/de/podcast/id1367201942

Fluide Kirche - Chancen und Gefahren einer verflüssigten Spiritualität
- Website: www.zellgemeinde-bremen.de/podcast/fluide-kirche/
- iTunes:
  https://itunes.apple.com/de/podcast/id1438895741

BÜCHER:

Radikale Reformation: Der "Linke Flügel" und seine Bedeutung für heute (Das Buch zum Podcast), Norderstedt 2018.

Jesus. Gut zu wissen: Acht Aspekte der christlichen Botschaft, Kindle Edition, 2016.

Tanz auf der Fontäne: Christliche Spiritualität in der Postmoderne und der Zukunft, C & P Verlag, 2009.

ARTIKEL:

Gesegnet durch Widerspruch – Warum Kontroversen christliche Gemeinden bereichern, in: !impulse für ansteckenden Glauben, 3/18, S. 4-9.

Serve the City – Bremen aufhimmeln. in: Müller, Tobias; Faix, Tobias; Bösner, Stefan; Brecht, Volker (Hrsg.): Tat. Ort. Glaube. – 21 inspirierende Praxisbeispiele zwischen Gemeinde und Gesellschaft, Marburg an der Lahn, 2013, S. 107 – 116

Gottes Heim-Suchung – Wie der Ewige uns nach Hause holt, in: Faix, Tobias; Weißenborn, Thomas; Aschoff, Peter (Hrsg.): Zeitgeist 2, Marburg an der Lahn, 2009, S. 201-210.

Spirituell, aber nicht religiös – Wie postmoderner Glaube aussehen muss, in: Aufatmen Mai 2007, S. 74-78.

Nie mehr zurück! – Zellgruppengemeinde, ein Netzwerk sich multiplizierender Kleingruppen, in: Aufatmen Januar 2000, S. 76 – 79.